오늘부터 시작해!
세상을 바꾼
25명의 청소년들

YOUNG REBELS : 25 Jugendliche, die die Welt verändern!
Text by Benjamin Knödler and Christine Knödler
Illustrations by Felicitas Horstschäfer
ⓒ 2020 Carl Hanser Verlag GmbH&Co. KG, München
Korean Translation ⓒ 2025 SpringSunshine Publishing Co.
All rights reserved.
The Korean language edition is published by arrangement with Carl Hanser Verlag GmbH&Co. KG through
MOMO Agency, Seoul.

오늘부터 시작해!

세상을 바꾼 25명의 청소년들

벤야민 크뇌들러·크리스티네 크뇌들러 지음
펠리시타스 호르스트쉐퍼 그림 | 이명아 옮김

봄볕

목차

일러두기
· 글쓴이와 옮긴이의 주는 괄호 안에 넣었습니다. 옮긴이 주는 문장 뒤에 '옮긴이'라고 썼습니다.
· 인용의 출처는 봄볕 홈페이지에서 확인할 수 있습니다.

들어가며

세계는 무척 아름답습니다. 우리는 대부분 그렇게 느낍니다. 그렇지만 어디서나 그런 것은 아닙니다. 누구에게나 그런 것도 아니고, 언제나 그런 것도 아니었습니다. 여러분도 분명히 그늘진 곳에 대해, 환경 파괴와 인종 차별, 빈곤과 공포, 폭력과 자유의 억압에 대해 알고 있습니다. 이 모든 것이 세상에 존재합니다. 하지만 다행히도 이런 현실에 눈감지 않고 세계 곳곳에서 무엇인가를 실천하는 어린이와 청소년이 있습니다. 이런 어린이와 청소년은 우리에게 용기를 줍니다. 이들의 용기는 서로를 격려하고, 이들의 소망은 다른 이에게 희망을 만들어 내며, 이들의 실천은 미래로 향합니다.

2019년 여름, 책을 한 권 써 보지 않겠냐는 질문을 받았을 때, 이런 생각이 출발점이 되었습니다.

'세상을 바꾼 청소년들!'

정말 우리가 책을 쓰고 싶은지 스스로 질문해 보았습니다. 30명 정도의 이름을 적은 목록은 이미 마련되어 있었습니다. 명단에 오른 이름 가운데 몇몇은 어느새 세계적으로 유명해졌고, 몇몇은 여전히 잘 알려지지 않았습니다. 몇몇은 명단에서 뺐는데, 추적할 수 있는 출처와 검증할 수 있는 사실이 너무 적었기 때문입니다. 또한 우리는 다른 이름들을 명단에 새롭게 추가했습니다. 책에 실을 인물을 계속 찾았고, 사회 참여와 실천으로 깊은 인상을 남긴 어린이와 청소년을 발굴해 냈습니다.

이렇게 찾은 25명이 무엇 때문에 마음이 움직였고, 어떻게 현실로 뛰어들게 되었는지 그 원인을 찾아내고 싶었습니다. 이들 대부분은 모두가 맞다고 잘못 생각하는 것에 맞섰고, 수많은 어른의 무책임에 맞섰습니다. 직접 이야기를 나눌 수 있는 사람이 몇 명에 지나지 않아 안타까웠습니다. 대부분은 너무 멀리 떨어져 있었고 시간도 너무 부족했습니다. 그래서 이들을 생생하게 그려 낼 수 있도록 인터뷰, 기사, 책 등을 찾아 읽고, 연설이 담긴 영상을 찾아보고, 소셜 미디어와 인터넷을 검색했습니다. 때로는 이들의 저항으로 변화의 분위기가 무르익었고, 때로는 결정적인 변화가 일어났습니다. 이러한 저항은 아주 평범한 어린이와 청소년을 '젊은 반항아'로 만들었습니다. 그렇다고 이들이 늘 무언가를 대변하기 위해 선뜻 길을 찾아 나선 것은 아니었습니다. 그들의 저항은 자신이 당면한 문제를 해결하기 위한 것이기도 했습니다.

이 책의 어린이와 청소년 25명은 하나같이 자신들이 마주한 폐해에 맞서 일어났습니다. 거창한 일이든 사소한 일이든 상관없었습니다. 지구촌 전체로 이어진 운동이든 한 장소에 국한되어 그곳 상황을 개선하는 운동이든 아무 관계가 없었습니다. 꼭 정치 체계나 경제 체계를 바꾸려 하기보다 자신의 나라에서 변화를 이뤄가려고 움직인 경우도 많았습니다. 더 많은 자유와 정의 그리고 평등을 누리기 위해서였고, 환경을 좀 더 보호하며 더 나은 민주주의를 펼쳐 가기 위해서였습니다. 궁극적으로 좀 더 인류애를 실현하기 위해서였습니다.

가장 나이 어린 반항아는 네 살이었을 때 무언가를 바꾸기 시작했습니다. 가장 나이 많은 반항아는 스물여섯 살이었습니다. 이들은 모두 어렸지만, 혼자가 아니었습니다. 젊은 반항아들은 한결같은 열정과 신념을 가진 사람들이자 동급생들, 친구들, 가족들, 또는 알지 못하는 이들과 함께 싸운 사람들입니다.

우리는 이 이야기를 썼고 이로써 우리도 변화되었습니다. 젊은 반항아들은 우리에게 도덕적 나침반과 같은 역할을 해 주었습니다. 이들은 관용과 연대를 가르쳐 주었고, 힘을 합하여 흔들림 없이 나아가는 것이 무엇인지 앞서 보여 주었습니다. 이들은 우리에게 모범이 되어 주었습니다.

엄마와 아들이라는 두 세대의 관점에서 25명의 반항아를 깊이 탐구한 결과를 한 권의 책으로 묶었습니다. 이 책은 세계가 오늘날 어떤 모습이며, 또 앞으로 어떤 모습일지 보여 줍니다.

우리는 오늘과 내일을 바꾸어 갈 이들에게 감사를 전합니다.

《오늘부터 시작해! ― 세상을 바꾼 25명의 청소년들》

이 책을 25명의 주인공들에게 바칩니다. 물론 독자에게도 바칩니다. 이 책을 통해 이들의 생각에 공감하고 저항 정신을 일깨우며, 계속 묻고 생각하고 할 수 있는 만큼 행동하는 용기를 얻길 바랍니다.
우리 모두 세계가 좀 더 아름다운 곳이 되도록 노력해야 하기 때문입니다.

베를린과 뮌헨에서
벤야민 크뇌들러와 크리스티네 크뇌들러

루이 브라이

───── 점자 발명가 ─────

"우리는 동정이 필요하지 않습니다.
상처 입기 쉬운 존재로 기억될 필요도 없습니다.
우리는 동등하게 대우받아야 하며, 대화야말로 동등한 관계로 가는 길입니다."[1]

　주의를 기울이지 않으면 올록볼록한 작은 점들은 눈에 잘 띄지 않는다. 그렇지만 약상자나 대중교통 승하차 벨에 찍힌 이러한 점자나 정거장의 점자블록 등은 시각 장애가 있는 사람들이 생활하는 데 큰 도움을 준다. 이들은 점자에 의지해 어렵지 않게 출퇴근을 하고 등하교를 하며, 손쉽게 병원에 찾아갈 수 있고 저녁에는 친구를 만나러 외출할 수 있다. 오늘날 사용하는 점자는 한 학생의 끈질긴 노력 덕분에 세상에 태어났다. 그의 이야기는 1812의 사고로부터 시작되었다.

　파리 동부의 꾸브레이라는 작은 마을에 루이 아버지의 작업실이 있었고 루이는 그곳에 혼자 들어가면 안 됐다. 부모가 루이에게 작업실 출입을 금지시킨 것은 사고를 예방하기 위한 조치였다. 피혁 세공인인 아버지는 가죽으로 말 안장을 만들었기 때문에 작업실에는 뾰족하고 날카로운 물건들이 무척 많았다. 어느 날 어린 루이는 아버지의 물건들을 가지고 놀다 미끄러

져 날카로운 송곳에 눈이 찔렸다. 그때가 세 살이었다. 의사가 눈을 치료했지만 조금도 회복되지 못했다. 아니, 더 심각한 일이 벌어졌다. 다친 눈에 생긴 염증이 멀쩡한 눈에까지 번졌다. 다섯 살 때 루이는 시력을 완전히 잃고 시각 장애인이 되었다.

그날부터 루이의 삶은 온갖 제약에 갇혀 버릴 수도 있었다. 19세기 사회는 장애를 가진 사람들에게 열려 있지 않아서 눈먼 소년에게는 수많은 굴레가 씌워졌다. 앞 못 보는 사람들의 삶은 고달팠다. 시각 장애인 대부분이 가난하게 살았고 구걸을 하며 간신히 생계를 이어 갔다. 직업 훈련이나 학업은 꿈도 꿀 수 없었다. 그러나 루이의 부모는 아들이 사회 밑바닥으로 내몰리는 것을 원치 않았고, 아들을 아주 평범하게 대했다. 루이도 집에서는 어머니를, 작업실에서는 아버지를 마땅히 도와야 한다고 여겼다. 그는 집에만 머물지 않았다. 루이가 집 밖에서 혼자 다닐 수 없다고 누가 말했나? 루이는 밖에 다닐 때 사용할 시각 장애인 지팡이를 아버지에게 선물받았다. 루이는 시각 장애인을 막아서는 사회적 조건을 딛고서 장애를 극복하는 법을 배웠다. 학교에서도 마찬가지였다. 부모는 루이를 마을 학교에 보냈다. 아버지는 루이가 못을 만지며 글자를 익힐 수 있도록 나무판에 알파벳 모양대로 못을 박아 주었다.

루이는 아주 훌륭한 학생이었고, 초등학교를 마치자 파리에 있는 맹인 학교로 진학할 수 있었다. 그 학교장은 나름대로 자신의 교육 체계를 개발해 놓았다. 그는 두꺼운 종이에 특별한 방식으로 글자를 새겨 넣어 시각 장애 어린이와 청소년이 손으로 글자를 만질 수 있게 했다. 그러나 이 방식은 학생들에게 적합하지 않았다. 글자가 잘 만져지지 않았고, 무엇보다 책이 너무 무거워 다루기 힘들었다. 수업은 듣기를 중심으로 진행되었고 스스로 읽고 배울 기회는 거의 없었다.

루이는 이 모든 것이 개선되어야 한다고 믿었고 시각 장애인들이 더 쉽게 글을 읽고 쓰는 길을 머지않아 찾아냈다.

루이는 열한 살에 이른바 '야간 문자'에 관심을 가졌다. 이 문자는 프랑스 장교가 만들어 냈는데, 열두 개의 점이 종이 위로 올록볼록하게 솟아 있었다. 이 문자는 군인들이 어둠 속에서 빛의 도움 없이 소리 내지 않고 명령을 전달하려고 고안되었다. 시각 장애인들도 이 문자를 활용할 수 있을까?

이론적으로 보면 그럴듯했지만, 현실에서는 문제가 있었다. 열두 개의 점을 만져 글자를 읽어 내고 그 의미를 이해하기가 무척 까다로웠다.

다른 학생들은 이 글자에 더 이상 관심을 두지 않았다. 그러나 루이 브라이는 달랐고, 이 야간 문자로부터 큰 영향을 받았다. 그는 글자 개발에 몰두해 야간 문자를 계속 발전시켜 나갔다. 모범생 루이는 낮에는 학교 수업을 들었고, 밤이 되면 점자 작업을 해 나갔다. 때로는 두 시간도 채 자지 못했다.

1825년에 루이는 드디어 꿈꾸던 일을 이루었다. 열여섯 살짜리가 자신이 상상한 대로 하나의 활자 체계를 개발해 낸 것이다. 모두 합쳐도 점은 한 글자에 여섯 개 이상이 필요하지 않았다. 각각의 점은 주사위의 6처럼 두 줄로 나란히 배열되어 있었다. 점이 어떻게 배열되는가에 따라, 다시 말해 볼록하게 만질 수 있는 점과 평평한 점의 배열에 따라 수많은 철자나 기호 등을 만들어 낼 수 있었다.

얼마나 대단한 성공인가! 루이는 글자를 개발해 시각 장애인들에게 완전히 새로운 길을 열어 주었다. 갑자기 시각 장애인들도 모든 것을 읽을 수 있게 되었다. 이제 시각 장애인들은 읽기뿐 아니라 쓰기도 훨씬 쉽게 배울 수 있게 되었다. 루이의 동급생들은 열광했지만 이 글자가 활용되기까지 오랜

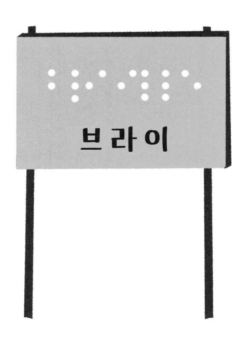

시간이 필요했다.

루이가 처음 개발한 글자는 맹인 학교에서 사용이 금지됐다. 졸업 후 루이가 교사로 일했던 학교의 새 교장은 시각 장애가 있는 사람과 그렇지 않은 사람이 사용하는 활자가 다른 것을 원치 않았다.

루이는 용기를 잃지 않았다. 교사로서 그는 자신이 개발한 글자를 더욱 발전시켰고 시각 장애인들이 악보를 읽을 수 있도록 하나의 체계를 고안해 냈다. 루이는 열정적이고 재능 있는 음악가이기도 했다. 그는 첼로를 연주했고 나중에 전문적인 오르간 연주자가 되었다. 그는 부모가 자신에게 물려준 재능들을 계속 발휘하며 살았다. 시각 장애인이라는 제약에 갇혀 원하는 것을 포기하지 않았다.

마침내 루이가 고안한 글자가 통용되었지만, 아쉽게도 루이는 자신이 발명한 점자가 전 세계에서 환영받는 것을 보지 못했다. 1852년, 43번째 생일이 지난 이틀 후 그는 결핵으로 세상을 떠났다.

그러나 그의 점자는 계속 살아 있다. 1878년 이 글자는 공식적으로 국제 시각 장애인 활자로 인정받았다. 20세기 초반에 이르자 점자 타자기 같은 관련 발명품이 연달아 나왔다. 오늘날에는 시각 장애인들도 인터넷 텍스트를 읽을 수 있도록 컴퓨터에 특별한 기구를 연결할 수 있다.

루이 브라이(1809-1852)는 세 살에 아버지의 작업실에서 눈을 다쳤고, 다섯 살에 두 눈의 시력을 완전히 잃었다. 학교에서 배운 시각 장애인 글자를 실생활에서 활용할 수 없었기 때문에 그는 학창시절에 직접 점자를 개발했고, 그 점자에 그의 이름이 붙었다. 이 점자 덕분에 오늘까지도 많은 시각 장애인이 글을 읽을 수 있다.

1952년, 루이가 사망한 지 100년이 지난 후 그가 평생에 걸쳐 이룩한 업적이 특별한 조명을 받았다. 프랑스의 위대한 인물이 묻히는 파리의 판테온에 그를 위한 안식처가 마련되었다. 그의 관이 지나는 마지막 길에 시각 장애인들의 행렬이 이어졌다.

루이 브라이의 끈질긴 노력과 의지에 힘입어 오늘날 시각 장애인은 동등한 인간으로 대우받게 되었다. 루이가 그렇게 바랐듯이 시각 장애인도 책과 신문을 읽을 수 있게 되었다. 이로써 시각 장애인이 사회생활에 참여하는 기초가 마련된 것이다.

> 1952년 유명한 농맹인 작가 헬렌 켈러는 "모든 인류가 구텐베르크에게 빚을 졌듯이 우리 시각 장애인들은 루이 브라이에게 큰 빚을 졌다."라고 말했다.[2]

결국 루이 브라이는 시각 장애인을 위한 인쇄술을 발명해 낸 것이다.

그레타 툰베리

———————— 기후 활동가 ————————

"이것은 우리 인류가 직면한 가장 심각한 위기입니다.
우리는 먼저 이러한 위기를 인식해야 하고, 구할 수 있는 것은 구해 내도록
최대한 서둘러 실천하고 노력해야 합니다."[3]

'이제 그만하면 충분해, 이렇게는 안 돼. 지금 당장 뭔가 바뀌어야 해.'

살다 보면 이러한 사실을 깨닫는 날이 찾아오게 마련이다. 그레타 툰베리도 그랬다. 바로 2018년 8월 20일이었다. 열다섯 살이던 그레타는 하얀 팻말을 만들어 몇 단어를 적어 넣었다.

"기후를 지키기 위한 학교 파업"

견디기 힘들 만큼 건조한 여름날이었다. 그는 여느 때처럼 학교로 가는 대신 팻말을 들고 스웨덴의 스톡홀름에 있는 국회의사당 건물 앞에 자리를 잡았다. 9월 9일에 치러질 스웨덴 선거까지 3주가 남아 있었다. 그레타는 선거 당일까지 매일 팻말을 들고 혼자 시위에 나섰고, 선거 후에는 매주 한 번씩 시위를 이어 갔다. 이것이 '금요 시위'('미래를 위한 금요일'이라는 표어 아래 전 세계의 초·중·고 학생과 직업 훈련을 받는 학생들 그리고 대학생들이 거리로 나와 금요일마다 동맹 휴업을 하고 시위를 벌인다. 학생들은 파리 기후 협정의 목표를 엄수하고 신속하고도 지속 가능한 온실가스 배출 감축을 요구한다. 이 사회 운동의 목표는 기후 위기에 맞서 싸움으로써 이 행성의 미래를 보장하

려는 것이다)의 시작이 되었다. 지금 당장 무언가 변해야 했기 때문이었다.

그레타는 학교에서 기후 변화에 관한 이야기를 처음 들었다. 그때가 여덟 살이었다. 인간의 행동이 지구 온난화를 불러왔고, 이 온난화로 극지방의 빙산이 녹아 내리고 해수면이 높아지는 것을 알게 되었다. 이렇게 초래된 기후 위기로 생명이 위협받고 있었다. 그렇지만 그 누구도 지구 온난화에 맞서 행동하지 않았다. 어떤 이유로도 이러한 방치를 정당화할 수 없었다.

그레타는 이 상황을 이해할 수 없었다. 관련 정보를 모으기 시작했고 수많 은 기사와 책을 찾아 읽었다. 통계 수치를 연구하고 영화를 보며 인터넷에서 자료를 찾았다. 그는 홍수와 종잡을 수 없는 날씨, 맹렬한 폭풍, 산불과 가 뭄에 대해 알게 되었다. 이러한 기후 재앙이 기근을 불러올지 몰랐다. 언젠 가는 이 지구상에 아무도 살 수 없게 될지도 몰랐다.

그 시점은 그리 멀지 않았다.

그레타는 이러한 사실을 마주하고 우울해졌다. 지구라는 행성의 미래와 자기 자신의 미래가 두려웠다. 그레타는 입을 다물었고 집 밖으로 거의 나가 지 않았으며 점점 적게 먹었다.

학교에서 그레타는 언제나 주변인이었고, 다른 사람을 이해하지도 견디지 도 못했다. 혼자 교실 맨 뒷줄에 앉았다. 꼭 투명 인간이 된 것 같았다.

동급생들이 그레타를 따돌리기 시작했다. 그레타는 점점 더 외로웠고 잘 생활하지 못했다. 그레타의 부모는 걱정이 컸다. 오페라 가수인 말레나 에 른만과 연극배우인 스반테 툰베리는 큰딸에게 무슨 일이 일어났는지 알아내려고 아이를 데리고 이 의사 저 의사를 끝도 없이 찾아다녔다. 마침내 진단이 나왔다. 자폐(질병이 아니라 발달 장애이다. 자폐증이 있는 사람들은 다른 이들에게 익숙하지 않은 방식으로 행동하고 대화하며 저마다 특출한 능력을 내보이곤 한다. 오늘날 사람들은 자폐 스펙트럼에 대해 자주 언급한다. 자폐증은 단 한 가지가 아니라 다양한 증세로 나타나기 때문이다)의 일종인 아스퍼거 증후군이었다.

2019년 2월, 그레타는 인터뷰에서 이렇게 말했다.

"아스퍼거가 없었다면 여기 있는 건 가능하지 않았겠죠."[4]

'여기'라는 표현은 그레타가 더 이상 현실을 외면하지도, 근거 없는 낙관에 빠지지도 않았음을 뜻한다. 또한 '여기'라는 표현은 스스로 활동가가 되었으며 그 누구도, 그 무엇도 그를 막아서지 못했음을 뜻한다. 그는 작은 일부터 시작했다. 그사이 환경이 얼마나 망가졌는지 알게 되었고, 이런 지식은 전등처럼 스위치를 딸깍 꺼 버릴 수가 없었다.

전기를 아끼기 위해 집에서는 되도록 전등을 껐다. 완전 채식으로 식사를 했고 더 이상 무의미한 쇼핑도 하지 않았다. 대신 무엇이 필요한지 질문을 정확히 던졌다. 그레타는 기후 연구가들과 의견을 교환했고 스스로 전문가가 되었다. 그는 비행기 이용을 거부했고 부모와 동생들이 지속 가능한 삶을 살아가도록 이끌었다. 그레타는 가족과 작은 단위에서 해낸 일들을 큰 규모로 해내고 싶었다. 그렇지 않으면 잠을 이루지 못할 것 같다고 했다.

그레타는 금요일마다 팻말을 들고 스톡홀름의 스웨덴 국회의사당 앞으로 갔다. 그의 단단한 결심은 흔들리지 않았다. 의심의 여지 없이 단호한 모습이었다.

"그 누구도 아무것도 하지 않았기 때문에 내가 이 일을 여기서 반드시 해내야 한다고 느낍니다."[5]

이 말은 정당방위적인 성격이 짙다. 그렇게 그레타는 내일이 있는 미래를 위해 기후 착취와 무지에 맞서 싸우기 시작했다.

그레타는 시위를 시작할 때 스톡홀름의 심장부인 광장에 혼자 서 있었다. 하지만 곧 다른 학생들이 다가왔고 함께 싸웠다. 타협할 줄 모르고 한결같이 싸워 가는 그레타는 전 세계의 또래들, 그 한 세대 전체에 영감을 주었고 행동을 이끌어 냈다. 청소년들에게 시위를 시작한 발단을 물으면 그들은 그레타라는 이름을 떠올린다. 오스트레일리아, 벨기에, 독일. 캐나다, 스위스 같은 나라는 물론, 폴란드나 러시아처럼 기후 위기와 환경 보호가 공공 영역에서 아무런 관심도 끌지 못하는 나라에서도 그레타는 금요 시위를 상징하는 인물이 되었다. 그사이 수백만 명의 사람들이 세계 곳곳에서 시위를 벌였다.

동시에 그레타는 세계의 권력자들을 겨냥했다. 그는 어른들이 자신들의 외침에 귀 기울이지 않는다고 보았다. 어른들은 무책임하고 비열한 데다 이성적이지 못하고 무절제했다. 중요한 의사 결정을 맡은 정치가들은 자기 이익만 중시했다. 사치를 부리며 부를 늘리고 힘을 키우는 것이 그들의 관심사였다. 이러한 태도가 어떤 결과를 불러올지 전혀 상관하지 않았다.

2018년 12월, 그레타는 24번째 유엔(UN) 기후 회의에 참석하려고 폴란드의 카토비체로 떠났다. 그는 안토니우 구테흐스 유엔 사무총장과 대화를 나눴고 연설을 통해 어른들을 꾸짖었다.

"제 이름은 그레타 툰베리입니다. 저는 열다섯 살이고 스웨덴에서 왔습니다. 저는 오늘날의 기후 정의(Climate Justice Now. 다양한 시민 단체, 환경 운동 단체, 인권 단체 등이 연대해 지구 온난화와 기후 정의 문제의 대응을 강화하며 사회와 생태, 젠더 영역의 정의를 실현하기 위해 설립되었다 : 옮긴이)를 대표해 말합니다. 많은 사람은 스웨덴이 작은 나라에 불과하며 우리가 하는 일은 크게 중요하지 않다고 생각합니다. 그렇지만 저는 우리가 큰 변화를 만드는 데 결코 작은 존재가 아니라는 것을 알게 되었습니다. 아이들 몇몇이 학교에 가지 않는다는 사실만으로 전 세계 보도의 머리기사를 장식할 수 있었습니다. 그렇다면 여러분도 상상해 보십시오. 우리가 진정으로 원할 때 이룰 수 있는 것에 관해서요. 모두가 원하는 것에 도달하려면 아무리 불쾌하더라도 명확하게 말해야 합니다."[6]

그레타는 계속해서 뚜렷한 목소리를 내고 있다. 세계 기후 정상 회의가 무려 24번씩이나 열렸는데 어떻게 아무것도 개선되지 않을 수 있는가? 그의 연설은 유튜브를 통해, 또 다른 네트워크를 통해 들불처럼 번져 갔다. 그레타는 명확한 목표를 내세웠다. 기후 위기를 실존적인 위협으로 인정해야 마땅하며, 그 문제 해결을 위해 단호하게 조치해야 한다는 것이다.

그는 자국 정부에 파리 기후 협정을 준수하라고 촉구했다. 이 협정은 2015년 12월 12일, 197개의 당사국이 서명한 것이다. 이로써 당사국들은 더 많은 기후 보호의 의무를 지게 되었다. 예를 들면 각국은 온실가스 배출을 줄여 지구 평균 기온 상승을 2도 이내로 제한해야 한다. 간단히 말하면 모든 국가가 오염 물질과 배기가스를 더 적게 배출해야 한다는 것이다. 그렇지만 협정이 체결된 2015년 시점에 목표가 너무 낮게 정해졌다. 2도는 너무 높았다. 지구를 위해서 1.5도 이하로 정해야 했다.

그사이 미국과 브라질이 협정에서 탈퇴했지만 회원국이 얼마나 복잡한 과정을 거쳐 합의에 이르렀는지 헤아려 보면, 파리 기후 협정은 수많은 제약이 있었음에도 틀림없이 성공적이었다. 이 기후 협정은 올바른 방향으로 나아가는 중요한 첫 번째 발걸음이었다. 물론 협정 국가들 모두 약속을 지킬 때에만 성공에 이를 수 있다.

그러나 약속은 좀처럼 지켜지지 않았다.

그레타는 스웨덴 같은 복지 국가에는 온실가스 배출량을 15퍼센트 줄이라고, 산업 국가(산업 시설로 대부분의 경제적 이익을 얻는 국가. 이전에 산업이란 무엇보다 원료를 가공하는 공장이나 작업장을 뜻했다. 독일이나 미국, 캐나다, 일본 같은 나라가 산업 국가에 속한다. 오늘날 이 개념은 어느 정도 낡은 것이 되었다. 그사이 산업 국가에서 서비스가 중요해졌기 때문이다. 그럼에도 산업 국가라는 명칭은 변함없이 사용되고 있다. 산업 국가들은 한결같이 엄청난 탄소 발자국을 남긴다는 공통점을 지닌다)에는 앞으로 10년에서
12년 사이에 온실가스 배출량을 0퍼센
트로 만들라고 요구했다. 또한 온실가
스 배출을 없애는 것이 환경 보호는 물
론 사회 정의와도 직결된 문제라고 생각
했다. 가난한 사람들은 늘 가난하고 부자
들은 점점 부자가 되는 일은 용납할 수 없는 일
이었다. 복지에 더 적은 돈을 들이는 세계적인 추세 속에서, 경제적인 성공
만을 최우선의 가치로 여기는 것도 용납할 수 없었다. 그렇지만 늘 그렇듯
이 용납할 수 없는 일이 현실이 되어 버렸다.

  2019년 1월, 그레타가 바로 이러한 이유로 다보스의 세계 경제 포럼에서
발언하기 위해 스위스로 떠났다. 그는 그곳에서 항의 팻말을 들고 눈을 헤
치며 나아갔다. 여행하면서도 각종 통계 수치와 개념들을 벼락치기로 공부
했다.
  그는 학술 연구 결과들과 세계 기후 의회의 경고를 목청껏 외쳤다. 스트라
스부르 유럽 의회 환경 위원회나 런던의 영국 의회에서 힘주어 말했던 것처
럼 다보스에서도 똑같이 외쳤다.

그레타 툰베리는 2003년 1월 3일에 스톡홀름에서 태어났다. 2018년 8월 20일 금요일에 스웨덴 스
톡홀름 국회의사당 앞에서 기후를 지키기 위한 학교 파업을 시작했다. 이 시위는 '미래를 위한 금
요일'의 발단이 되었다. 그사이 수백만 명의 학생이 세계 곳곳에서 시위를 함께하고 있다. 학생들은
#fridaysforfuture라는 해시태그를 달고 기후 보호를 위해 거리를 행진하고 있다.

그레타는 연설하기 위해, 또 시위에 합류하기 위해 이동할 때는 기차나 전기 자동차를 타고 움직였다. 2019년 여름 뉴욕의 유엔 기후 정상 회담에 참여할 때는 경주용 요트를 이용했다. 어떤 경우에도 비행기를 타지 않으려 했다. 그러나 이 요트 여행은 그의 비판자들에게 좋은 먹잇감이 되었다. 뉴욕에 도착한 다음 누군가 이 요트를 되돌려 놓아야 했다. 하지만 요트를 몰아 이번 모험의 여정을 촬영한 다큐멘터리 감독은 복잡한 귀가 여행에 쓸 시간이 없었기에 요트가 아닌 비행기를 타고 되돌아 갔다. 결국 그레타와 아버지가 처음부터 비행기로 여러 사람과 함께 이동했다면 훨씬 친환경적이었을 거라는 말이 나왔다. 이 모든 것이 수고로운 화면 연출에 불과했을까? 홍보용 과시였을까? 이러한 선택이 기후 보호와 어떻게 조화를 이룰 수 있을까?

기후를 지키기 위한 학교 파업

그레타에게 자신의 생각과 투쟁을 알리는 데 너무도 중요한 소셜 네트워크는 이제 불쾌한 욕설과 모욕의 장이 되었다. 그레타는 한낱 아이에, 그저 여자아이에 불과하니 제발 학교로 돌아가 입 좀 닥치고 정치는 어른에게 맡기라는 것이었다. 그레타가 불안이나 부추기며 공포나 퍼뜨린다는 식의 비난이 빗발쳤다.

그럼에도 그레타는 포기하지 않았다. 뉴욕에서 미국 대통령 도널드 트럼프에게 무시를 당했을 때도, 러시아 대통령 블라디미르 푸틴에게 비웃음을 샀을 때도 멈추지 않았다. 독일 수상이었던 앙겔라 메르켈은 다정하게 말을 걸었지만, 독일의 환경 관련 정책은 아주 조금 변했을 뿐이었다.

그레타는 계속해서 세계 곳곳의 시위와 관련 행사에 참가했다. 청소년 동료 활동가들과 의견을 주고받고 서로를 북돋았다. 여건이 허락되는 대로 시위에 참가하려고 길을 나섰고 다른 이들과 함께 행진했다. 그는 좋은 성적으로 중학교 정규 교육을 마친 다음 잠시 학업을 중단했고, 2020년에 다시 고등학교에 입학했다. 중학교를 졸업하고 환경을 지키기 위해 싸우는 것이 더 중요하다고 판단했기 때문이다.

그레타의 활동과 헌신은 인정을 받았고 여러 차례 상을 받았다. 미국의 《타임》지는 그레타를 2018년의 가장 영향력 있는 청소년 25명과 더불어 2019년의 가장 영향력 있는 인물 100명에도 선정했다. 2019년 세계 여성의 날을 기념해 그레타는 스웨덴에서 '그해의 여성'으로 뽑혔다. 2019년 4월 17일, 그레타는 세계적으로 유명해진 항의 푯말을 들고 로마의 프란치스코 교황이 진행하는 일반 접견에 참석했다. 그레타는 국내외에서 주는 여러 환경 관련 상을 받았다. 상금은 기후 정의를 위해 활동하는 기관에 전달됐다. 그는 2019년 대안 노벨상을 받았고 노벨 평화상 후보로도 선정되었다.

오늘날 그레타가 시위하면 세계 곳곳에서 모인 모든 연령층의 사람들이 스톡홀름 국회의사당 앞 광장에 진을 친다. 그는 전문 정치인처럼 많은 사람에게 둘러싸인다. 그레타에 대해 보도되지 않는 날이 거의 없다. 어떤 때는 쌍갈래로 머리를 단단하게 땋은 평범한 여자아이로 보이지만, 어떤 때는 삐삐 롱스타킹 같은 괴력을 보인다. 또 어떤 때는 섬뜩한 증오와 마주하게 된다. 2019년 10월 땋은 머리에 노란 우비를 입은, 누가 봐도 그레타를 닮은 인형이 로마의 다리에서 목매달렸다. 그레타에게는 성인의 이미지와 세계를 구한 영웅의 이미지가 덧씌워지기도 한다. 어느 개인에 대한 광고가 지나치면 본래 관심사는 멀어져 버린다. 이것이 우리 시대의 특징이다.

그레타 툰베리는 2018년 여름에 작고 하얀 팻말에 '기후를 지키기 위한 학교 파업'이라는 문구를 적었다. 투명 인간처럼 교실 맨 뒷줄에 앉던 여자아이는 저명한 기후 활동가가 되었다. 매우 집중해서 자신의 목표를 추구했고 언제 어디서나 발언을 멈추지 않았다. 모두에게 유익하고 자기에게도 유익한 환경을 만들기 위해서, 바로 기후를 위해서였다.

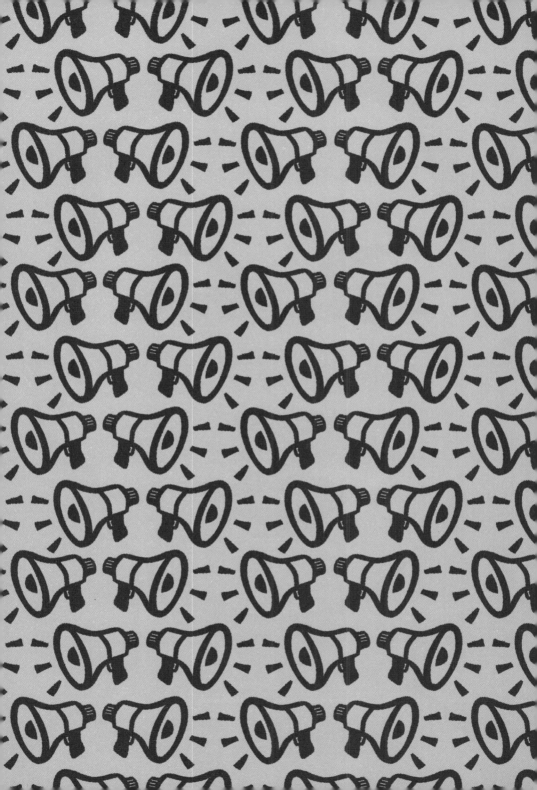

엠마 곤살레스

── 엄격한 총기 규제 법 제정을 위한 활동가 ──

"총기 때문에 고통과 희생을 겪은 다음에도
아직도 변화를 일으킬 힘이 남은 사람은 아이들뿐인 것 같습니다."[7]

6분 20초는 끝없이 긴 시간 같았다. 2018년 3월 24일, 엠마 곤살레스가 미국의 수도 워싱턴 D.C.에서 한 연설은 이 시간만큼 이어졌다.

"대략 6분 20초." 하고 엠마는 연설을 시작했다.
"6분이 조금 넘는 시간 동안 우리는 친구 17명을 잃었습니다. 15명은 부상을 당했고요."[8]

엠마는 '우리의 생명을 지키기 위한 행진'의 마지막 연사로 참가자 앞에 나와 이렇게 말했다.

미국 플로리다주 파클랜드에 있는 마조리 스톤맨 더글러스 고등학교에서 6분 20초 동안 총기 난사가 있었다. 2018년 2월 14일이었다. 열여덟 살이었던 엠마가 다닌 학교였다. 이 학교에 다녔던 총기 난사범은 열아홉 살이었고 졸업을 한 해 앞두고 퇴학당한 상태였다. 수업이 끝나기 직전 범인은 무장을 한 채 학교로 들어와 17명을 쏘아 죽였고, 그 가운데 14명이 여학생이었다.

> "우리 학교에 다닌 사람은 누구나 완전히 변해 버렸습니다. 사건 현장에
> 있던 사람이라면 누구나 제가 무슨 말을 하는지 알고 있습니다. 무자비한
> 총기 폭력 앞에 내몰린 사람은 제 말이 무슨 뜻인지 압니다."[9]

엠마는 그 참사가 몰고 온 끔찍한 불안과 상상도 못 할 충격을 설명했다. 그런 다음 죽은 희생자들의 이름을 하나하나 불렀다. 이들은 두 번 다시는 학교의 피아노 수업을 불평할 수 없게 되었고 다시는 여름 야영지를 거닐 수 없게 되었으며 다시는 배구를 할 수 없게 되었다.

다시는 다시는.

설명이 끝나자 엠마는 침묵했다. 짧은 까만 머리에 점퍼를 입은 엠마는 4분가량 무대에 서서 쉬지 않고 눈물을 흘렸지만, 결심이라도 한 듯 청중을 응시했다. 그리고 엠마처럼 눈물을 흘리거나 힘겹게 눈물을 참고 있는 사람들과 하나하나 눈을 맞추었다.

"이제 무대에 선 지 6분 20초가 지났습니다."

엠마는 침묵을 깼다.

"총기 난사범이 총격을 멈췄습니다. 그는 무기를 내려놓고 곧장 건물에서 빠져나와 대피하는 학생들 틈에 끼어들었습니다. 그는 체포되기 전까지 한 시간이나 마음대로 돌아다녔지요. 당신의 시체를 다른 사람이 수습해야 하기 전에 자기 자신의 생명을 지키기 위해 싸우십시오."[10]

엠마의 연설 영상은 전 세계로 퍼져 나갔고 엠마는 세계 곳곳에서 유명해졌다. 엠마가 무대에서 내려오자 박수가 터져 나왔다. 총기 관련 폭력에 대항하려고 모인 사람들이 모두 관중석에서 일어섰다. 엠마의 연설과 메시지에 깊이 감동한 것 같았다.

엠마와 함께 시위를 이끈 주최 측에 따르면 워싱턴 D.C.에서만 80만 명 넘는 인파가 총기 소지와 그에 따른 폭력에 맞서 시위를 하려고 모였다. 그렇게 많은 인파가 워싱턴 D.C.와 다른 도시에서 거리로 나선 것은 미국의 상황과 관련 있다. 엠마의 학교에서 벌어진 총기 난사는 미국에서 처음 벌어진 일이 아니었다. 미국에서 발행되는 잡지 《마더 존스》는 총기 난사를 다뤘다. 1982년부터 117건의 총기 관련 범죄가 있었고, 그중 17건이 학교에서 발생했다. 다른 통계에서는 더 많은 건수가 보고되었다.

총기 사건이 많은 까닭은 미국에서 총기 소지가 특별히 보호받기 때문이다. 사회 일각에서는 총기를 소지하고 위급하면 총기를 사용할 권리를 고집한다. 이러한 입장의 옹호자들은 미합중국 헌법을 근거로 총기 소지와 사용의 자유를 자신들의 권리로 보고 있다. 그 결과 미국에서는 총기를 쉽게 손에 넣을 수 있게 되었다. 어떤 대형 슈퍼마켓은 무기 매대를 따로 두고 있을 정도이다. 총기 난사에 사용된 총기들은 대부분 합법적으로 소지된 것으로, 파클랜드의 총기 난사범도 마찬가지였다. 이렇게 더 많은 총기가 유통될수록 총기가 사용되는 일도 점점 잦아지고 있다. 거리에서, 쇼핑몰에서, 영화관에서, 또는 학교에서 총기가 목숨을 앗아 가는 사건이 거듭되고 있다. 그에 따라 미국에서는 총기 관련 법 비판자들도 점점 늘고 있다.

학교에서 총기 난사가 벌어진 뒤에 엠마는 엄격한 총기 규제 법 제정을 위한 운동에서 가장 대표적인 인물 가운데 하나가 되었다. 사건 발생 후 며칠 지나지 않아 마조리 스톤맨 더글러스 고등학교의 생존 학생들은 '네버 어게인(Never Again)', 우리말로 '두 번 다시 절대 안 돼'라는 모임을 결성했다. 엠마도 이 모임 소속이다. 엠마는 생존자들의 분노를 《틴 보그》에 기고했다.

> "늘 보아 왔듯이 오늘날 미국 10대들의 생명을 가장 위협하는 것은 총에 맞는 일입니다."
> 그의 연설은 계속되었다.
> "이 나라의 젊은이들은 평생 총기로 인한 폭력을 경험하고 있습니다. 이제 총기 로비 단체의 유혹에 넘어갔거나 효과적인 변화를 일으키는 데 실패한 많은 정치가 및 행정가와 맞서는 일만 남았습니다.""[11]

총기 난사 후 얼마 지나지 않아 엠마는 시위에 나서 처음으로 연설했고 많은 주목을 받았다. 나아가 엄격한 무기 관련 법률이 반드시 통과되도록 정치권을 압박하자고 청년층을 설득했다. 엠마의 결연함은 깊은 인상을 남겼다. 엠마와 동료 활동가들은 시위에 이어 수많은 인터뷰를 진행했고 미국의 대형 토크 쇼에도 초대받았으며 자발적으로 신문에 기고해 그 유명한 《타임》 표지를 장식하기에 이르렀다. 엠마는 학생 모임의 지도자처럼 보였다. 엠마는 팔짱을 끼고 결연하게 카메라를 응시했다.

엠마가 트위터 계정을 열자 2주도 되지 않아 100만 명이 넘는 팔로워가 생겼다. 엠마의 투쟁은 엄청난 위력을 지닌 적에 맞서는 것이었고 지금도 마찬가지다. 이는 미국의 많은 사람이 총기 소지의 자유를 중시하기 때문만이 아니라 로비 단체(정치에 영향력을 행사하며 기회가 있을 때마다 단체의 이익을 추구한다. 이러한 로비를 하는 사람들을 로비스트라고 부른다. 로비는 무제한적으로 광범위한 분야에서 이뤄지고 있다. 자동차 산업, 에너지 재벌, 제약 산업뿐 아니라 인권 분야에서도 일어나고 있다. 무엇보다도 경제 분야에서 활동하는 로비 단체의 영향력은 특별하다. 비평가들은 로비스트들의 일이 빈번하게 아주 은밀한 방식으로 진행되며 권력이 너무 강하다고 지적한다)가 거대한 영향력을 행사하기 때문이기도 하다. 유명 로비 단체로 미국 총기 협회 (National Rifle Association, NRA)가 있다. 이 협회의 기본 정책은 총기 소유와 총기 소지에 관한 권리를 제한하는 모든 것에 맞서 물불 가리지 않고 싸우는 것이다. NRA는 선거전에서 정치인들을 재정적으로 후원하고 그 정치인들을 통해 많은 힘과 영향력을 행사한다.

엠마 곤살레스는 열여덟 살에 다니던 고등학교에서 총기 난사를 경험했고, 이런 일이 되풀이되어서는 안 된다고 생각했다. 그는 미국 정치가들에게 큰 영향력을 행사하며 오랜 전통이 되어 버린 총기 로비 단체에 맞서 저항을 시작했다. 마침내 엠마가 사는 플로리다주에서는 총기 규제 법이 강화되었다.

이러한 구조에 아랑곳하지 않고 엠마와 동지들은 저항했다. 이들은 여러 기업에 더 이상 NRA와 협력하지 말 것을 요구했다. 그러자 몇몇 기업이 협력을 중단했다. 이들은 NRA를 통해 지원받은 정치인들을 공개적으로 비판했고 그 결과 이들과 적이 되었다.

엠마에 관한 모략이 공공연하게 진행됐고 엠마는 인터넷에서 수많은 공격을 견디어야 했다. 그럼에도 그는 멈추지 않았다. 총기 난사 후 한 달 동안 미국 3000개 학교의 학생 100만여 명이 교실을 떠나 처음으로 시위에 참여했고 자신들의 요구를 외쳤다.

시위는 효과가 있었다. 플로리다주와 다른 미연방 주들은 그사이 총기 소지 법률을 더욱 엄격하게 개정할 준비를 했다. 하지만 학생들은 더욱 강력한 법 제정을 요구하는 운동을 펼쳤다.

2019년 여름, '우리의 생명을 지키기 위한 행진'은 안전한 미국을 만들기 위해 평화 계획을 세웠다. 활동가들은 무엇보다 총기 로비 단체와 총기 산업에 책임을 묻는 한편 정치권을 향해 젊은 세대의 의견을 경청하라고 요구했다. 곤살레스와 동지들은 정치권을 향해 다시 한번 목소리를 높였다. 이미 곤살레스가 연설에서 누누이 말한 것이다.

"전국의 학생들은 주저 없이 제 몫을 다할 준비가 되어 있음을 보여 주었습니다. 이제는 어른들이 우리와 연결될 차례입니다."[12]

클로뎃 콜빈

── 인종 차별 철폐 활동가 ──

"정의는 쉽게 얻을 수 없습니다. 정의는 듣기 좋은 말로 부탁한다고
얻을 수 있는 것이 아닙니다. 우리는 일어나 '그건 잘못됐습니다'라고
분명히 말해야 합니다. 제가 한 일이 바로 그것입니다."[13]

요즘은 누구나 버스에서 원하는 자리에 앉을 수 있다. 물론 빈자리가 없을
수 있고, 꼭 자리가 필요한 사람에게 양보할 수 있다. 자리를 양보하는 것은
예의 바르고 배려심 있는 행동이지만 그렇다고 의무는 아니다.

그런데 언제 어디서나 자유롭게 버스 좌석에 앉을 수 있었을까? 그렇지는
않았다. 특히 누구나 앉고 싶은 자리에 앉았던 것은 아니었다. 20세기 중반
까지 미국의 수많은 연방 주들은 인종 차별과 인종 분리에 관한 법과 정책을
시행하고 있었다.

1861년부터 1865년까지 계속된 미국의 남북 전쟁이 끝나고 무척 긴 시간
이 흘렀다. 북부 지역은 남부에 맞서 승리를 거두었고 그로써 전쟁의 가장
중요한 목표였던 노예제 폐지에 성공했다. 그러나 많은 미국인의 머릿속에
는 피부색이 검은 사람들이 여전히 2등 시민으로 머물러 있었다.

흑인과 백인은 분리되어 살았고 다른 교회에 다녔으며 다른 식당에서 식
사했다. 또한 흑인과 백인 아이들은 분리된 학교에 다녔다. 흑인 아이들에

게는 교육과 직업 훈련, 학업의 기회가 많지 않았다. 당연히 좋은 직업을 가질 기회도 적었다. 오늘날 '유색인'(사람들의 피부색에 대해 말하기는 쉽지 않다. '검둥이'를 비롯한 많은 용어는 나름의 역사가 있고, 무시나 경멸을 담은 말로 사용되었다. 오늘날에도 이런 말을 듣는 사람들은 감정이 상할 뿐 아니라 인종 차별을 당한다고 느낀다. 이와 달리 유색인은 자신을 백인으로 정의하지 않고, 백인 다수 사회에서 백인처럼 보이지 않는 사람들이 스스로 선택한 명칭이다. 유색인이라는 말에는 인종 차별과 배제의 경험이 공유되어 있다. 이 용어는 미국에서 사용되기 시작했다) 이라고 불리는 흑인은 백인과 같은 공공 수도꼭지에서 물을 마셔도 안 됐고 옷가게에서 같은 탈의실을 사용해도 안 됐다. 흑인들은 사고 싶은 신발도 신어 보지 못했다. 흑인과 백인은 같은 화장실을 사용하면 안 됐고 같은 세면대에서 손을 씻어도 안 됐다. 같은 국적을 갖고 같은 도시에 사는 이들이 같이 머무르고 마주치는 곳에서 동등한 권리를 누리지 못했다. 대신 모든 곳에 간판이 내걸렸다. 유색인, 백인, 흑인용, 백인용. 인종 분리는 도처에서 목격되었다.

미국의 백인들은 남북 전쟁 이후에도 수십 년 동안 흑인과 백인을 분리시키는 법령을 남겨 두었다. 흑인들은 피부색을 이유로 차별받았고, 그로부터 인종 차별 개념이 생겼다. 인종 차별 관련 법을 위반하는 사람은 처벌을 각오해야 했다.

짐 크로 법(노예제 폐지 이후에 아프리카계 미국인들의 차별과 억압을 옹호했던 법령이다. 1877년부터 시행되었으며 버스와 기차, 학교 등에서 인종 분리를 규정했다. 이 법은 짐 크로라는 인물의 이름을 땄는데, 짐 크로는 흑인에 대한 수많은 인종적 편견을 구체적으로 표현한 드라마 속 가공의 인물이다. 짐 크로 법은 1960년대에 일어난 미국 시민운동의 결과로 폐지되었다. 그러나 비평가들은 오늘날까지도 미국의 인권 체계가 인종 차별적이라고 말한다) 같은 법령은 대중교통의 인종 분리 규칙을 담고 있었다. 앨라배마주의 도시 몽고메리에서도 그랬다. 이 법은 하일랜드 가든 버스에도 적용되었다.

1955년 3월 2일, 한 버스에서 클로뎃 콜빈의 이야기가 시작되었다. 이날 클로뎃은 더 이상 이 법을 따르려 하지 않았다.

대체로 저항하려는 사람은 자리를 털고 일어나 거리로 나가 시위를 벌인다. 그러나 클로뎃은 그와 반대로 했다. 소녀는 자리에 앉아 있었다. 법에 맞서 백인 여성에게 자기 자리를 내주지 않았다.

당시 버스에는 다음과 같은 인종 분리 정책이 적용되고 있었다. 버스 앞쪽 좌석은 오직 백인만 앉을 수 있었고, 흑인은 뒤쪽 좌석에 앉아야 했다. 중간 좌석은 버스 운전사가 자리를 지정했고 이 중간 자리에 흑인 승객이 앉을 수 있었다. 하지만 백인 승객이 요구하면 흑인 승객은 자리를 내주어야 했다. 심지어 그 자리뿐 아니라 그 줄 전체를 비워야 했다. 그래야 인종 분리가 제대로 될 수 있었고 백인이 흑인 옆에 앉지 않을 수 있었다.

1955년 3월 2일 클로뎃은 부커 T. 워싱턴 고등학교에서 집으로 돌아오는 길이었다. 열다섯 살 클로뎃은 버스 중간 창가에 자리를 잡았고, 그 옆으로 같은 반 친구 세 명도 나란히 앉아 있었다. 네 명의 아이들이 얼마나 수다를 떨며 웃었을지 쉽게 상상할 수 있다. 클로뎃은 길었던 학교 일과를 마치고 버스에서 어느 순간 몽상에 젖어 들었다고 기억했다.

그때 백인 여자가 버스에 타서 보란 듯이 클로뎃 옆에 섰다. 클로뎃은 백

인 여자를 보지 못했다. 원래 규정에 따르면 흑인 여학생들은 그 백인 여자에게 자리를 양보해야 했고, 버스 운전사도 아이에게 일어서라고 했다. 세 명은 일어나 뒤로 갔지만 한 명은 그대로 앉아 있었다. 바로 클로뎃이었다.

버스 운전사인 로버트 W. 클리어가 분명히 경고했지만, 클로뎃은 그의 요구를 거절했다. 버스 운전사가 옆으로 와서 클로뎃에게 소리를 질러도 일어서지 않고 창밖을 계속 내다보았다.

클로뎃은 2018년 인터뷰에서 말했다.

"그 백인이 노인이었다면 저는 일어섰을 거예요. 하지만 그 백인은 젊은 여자였어요!"[14]

버스 운전사가 자신을 버스에서 쫓아내려 하자 클로뎃은 자신이 정당하게 버스표를 샀다는 사실도 덧붙였다. 운전사가 교통경찰을 불러올 때까지 클로뎃은 계속 하차를 거부했고, 순찰 중인 경찰 두 명까지 가세해 일어서라고 같은 명령을 내렸다. 경찰들이 열다섯 살 클로뎃의 손에서 교과서를 쳐내고, 두 팔을 붙잡아 자리에서 끌어내릴 때까지 클로뎃은 자리에 계속 앉아 있었다.

클로뎃은 무슨 일이 일어날지 충분히 예상할 수 있었기에 더는 저항하지 않았다. 대신 쉬지 않고 큰소리로 분명하게 외쳤다. 미국 시민 모두 평등하게 대우받을 권리가 있고, 헌법에도 그렇게 쓰여 있다고 말이다. 결국 그는 수갑을 차고 끌려가 감방에 갇혔다.

> "그때 끔찍할 정도로 겁이 났죠. 꼭 서부 영화 같았어요. 영화에서 강도들이 감방에 갇히고 열쇠 구멍에서 열쇠 돌아가는 소리만 들리잖아요. 그 소리가 아직도 귀에 쟁쟁합니다."[15]

한 시간이 지나자 어머니와 목사님이 보증금을 내고 클로뎃을 감옥에서 꺼내 주었다. 그때 어머니는 "클로뎃, 드디어 일을 저지르고 말았구나." 하고 말했다. 클로뎃의 아버지는 집에서 장전된 권총을 쥔 채 밤새도록 깨어 있었다. 백인들의 공격이 두려웠기 때문이었다.

열다섯 살 소녀가 어떻게 이런 생각을 하게 되었을까?
어디서 그런 용기가 솟았을까?
그 당시 클로뎃은 흑인 시민운동 모임인 전미 유색인 지위 향상 협회 (National Association for the Advancement of Colored People, NAACP) 청소년 모임에서 활동하고 있었다. 클로뎃은 학교에서 아프리카계 미국 흑인들의 이야기를 접했다. 그는 노예제 폐지론에 대해 들었고, 인종 차별에 관해 보고서를 한 편 작성했다.
클로뎃은 성인이 된 지 한참 지나 뉴욕에 살 때 이렇게 말했다.

> "그날 그냥 일어날 수가 없었어요. 이야기가 나를 그 자리에 묶어 놓았

지요. 한쪽 어깨에 해리엇 터브먼의 손길이, 다른 한쪽 어깨에 소저너 트루스의 손길이 느껴졌어요. 꼭 이들이 저를 자리에서 일어나지 않도록 붙잡아 주는 것 같았어요."[16]

얼마나 든든한 지원군인가! 이런 역할 모델이라니!

해리엇 터브먼과 소저너 트루스는 둘 다 노예 신분으로 살다 도망쳐 노예제 폐지 운동에 가담한 이들이었다. 해리엇 터브먼은 미국이 남북 전쟁을 치르는 동안 도망자들을 돕는 길잡이가 되었다. 소저너 트루스는 여권 운동가이자 순회 목사로 수많은 활동에 참여했고, 대중교통에서 벌어지는 인종 분리에 맞서 앞장서 활동하고 있었다. 흑인은 매일매일 대중교통을 이용하며 불평등하게 대우받고 모욕을 당했다. 백인은 흑인 가까이 가기를 꺼렸다. 백인은 자신을 흑인보다 명백히 우월한 존재로 여겼다. 흑인은 이런 식으로 끝없이 무시당했다.

클로뎃 또한 불공평한 현실 아래 고통받았다. 그는 자유를 쟁취하기 위해 싸운 유명한 아프리카계 미국 흑인 여성들의 발자취에서 한 걸음 더 나아갔는지도 모른다.

클로뎃은 기소되었다. 국가 폭력에 맞선 저항의 의미로 질서에 거슬러 행동했고 인종 법을 위반했기 때문이었다. 벌금만 부과되고 일이 마무리된 것이 아니었다. 클로뎃은 법정으로 끌려 나왔다. 몽고메리에서 이런 일은 이제껏 한 번도 없었다. 흑인 교회들과 NAACP는 변호사를 선임하기 위해 성금을 모았다.

결국 클로뎃은 두 경찰관에 대한 공격 행위로 집행 유예를 선고받았다. 항소 절차는 이어지지 않았다.

클로뎃의 즉흥적인 저항이 있은 지 9개월이 지나 또 다른 흑인 여성이 백인에게 버스 좌석을 내 주지 않았다. 바로 마흔두 살의 재봉사 로사 파크스였다. 로사는 NAACP의 청소년 모임에 속한 클로뎃을 잘 알고 있었고, 몽고메리 버스 보이콧의 상징 인물이 되었다.

클로뎃은 이렇게 대규모로 진행된 저항의 상징 인물이 되기에 너무 어렸을까? 이 질문을 둘러싸고 의견이 분분했다. 클로뎃은 지난날을 회상하며 이렇게 말했다. 흑인 중산층은 몽고메리에서 가장 가난한 지역의 입양 가정에서 자란 자신을 역할 모델로 삼고 싶지 않았을 거라고. 게다가 그가 그사이 유부남의 아이를 임신하고 있었던 점도 부적절하다고 여겨졌다. 어떤 사람들은 이 새파란 여자애의 두려움을 모르는 태도가 NAACP의 책임자들을 불안하게 했을 거라고 생각한다. 이런 반항적인 청소년을 통제할 수 있었겠냐는 것이다.

1955년 3월 2일에 클로뎃이 벌인 저항에 힘입어 NAACP는 정확히 9개월 뒤에 무엇을 해야 할지 확실히 알게 되었다. 그들은 전단지를 이용해 도시에

클로뎃 콜빈은 1939년 9월 5일에 태어났다. 열다섯 살에 그는 당시 대중교통에서 시행되던 인종 분리에 맞섰다. 1955년 3월 2일에 그는 백인에게 자리를 내 주기를 거부했다. 그의 시민 불복종은 앨라배마주에서 벌어진 몽고메리 버스 보이콧의 발단이 되었고, 마침내 대중교통에서 인종 분리 정책의 철폐를 이끌어 냈다.

사는 흑인들에게 더 이상 버스를 이용하지 말자고 촉구했다. 흑인들의 지지는 압도적이었다. 거의 모든 흑인이 이 촉구에 응했다. 그들은 381일 동안 걸어 다녔고 교통편을 함께 이용할 이웃을 조직했으며, 흑인 택시 운전사는 버스표값만큼만 받고 택시를 태워 줬다. 이로 인해 도시에는 돈이 돌지 않았고 버스표는 더 비싸졌다. 그럼에도 몽고메리시는 버스에서 시행되는 인종 분리 정책을 포기하려 하지 않았다.

마틴 루터 킹 목사와 같은 인권 운동가들이 이끄는 시위가 잇따랐고, 다른 조치들이 이어졌다.

자유

클로뎃은 다시 법정에 섰다. 열여섯 살이 된 소녀는 처음으로 버스에서 인종 분리에 관한 법률을 위반한 데 이어 몽고메리시를 고소한 용감한 네 명의 여성 가운데 한 사람이 되었다. 이들은 클로뎃이 1955년 3월에 버스에서 외쳤던 것처럼 미국 헌법의 법률 추가 조항 14항에 근거해 논지를 펼쳤다. 법률은 자국의 모든 국적 보유자의 평등을 보장하고 있었다.

1956년 5월 11일, 클로뎃은 증인 자격으로 법정에 소환되었다. 몽고메리시 변호사가 질문을 던졌다.

"왜 당신은 12월 5일 이후 더 이상 버스를 타지 않습니까?"

그는 이렇게 답할 수밖에 없었다.

"사람들이 우리를 그릇된 방식으로, 못되게, 비겁하게 대우하기 때문입니다."[17]

1956년 미합중국 대법원에서 인종 분리가 헌법에 위배되는 것으로 판결이 나고서야 몽고메리시는 대중교통에서 인종 분리 정책을 없앴다.

그 후로 클로뎃은 영웅이 되었을까?

그는 자신의 저항을 자랑스러워했을까?

아니다. 그 반대다. 학교에서 다른 학생들의 비웃음을 샀고, 친구를 잃었고 용기마저 꺾였다. 뭔가 잘못한 게 틀림없다는 생각에 끝없이 시달렸다. 열여덟 살이 되자 그는 뉴욕으로 이사해 50년 동안 맨해튼의 요양원에서 간호사로 일했다. 그는 여러 해 동안 자신의 경험에 대해 침묵했다. 자녀들이 집을 떠나고 할머니가 되고 연금 생활자로 살게 되고 나서야 그는 자신이 청소년 때 벌였던 저항을 공개해 알리기 시작했다.

무엇이 잘못되었는지 큰소리로 분명히 말하는 사람만이 뭔가를 바꿀 수 있다. 1955년 미국에서 클로뎃 콜빈은 열다섯 살 나이로 인종주의에 맞선 싸움을 시작했다.
자유를 위해서.

켈빈 도우

— **발명가, 엔지니어,** DJ —

"창의성은 언제 어디서나, 생각지도 못한 곳에서 발견될 수 있습니다."[18]

    사람들은 스스로 많은 것을 배우고 익히며 조작하는 발명가나 엔지니어를 어떤 모습으로 상상할까? 머리카락은 헝클어지고 조금은 정신 나간 나이 많은 교수를 상상할까? 제대로 된 연구실이나 장비를 잘 갖춘 작업실을 떠올릴까? 켈빈 도우는 이런 이미지에 조금도 들어맞지 않는다. 그러나 그는 언제나 발명가였고 호기심 덩어리였다. 한번은 이렇게 말한 적이 있다.

"열정은 안에서 나온다고 생각해요. 밖이 아니고요."[19]

    켈빈은 어렸을 때부터 발명을 향한 열정을 품고 있었다. 다섯 아이 중 막내였는데, 어머니는 시에라리온의 수도 프리타운의 빈민가에서 혼자 아이들을 키우고 있었다. 삶은 고됐고 살림은 가난했지만, 어머니는 자신감이 넘쳤고 모든 난관을 극복한 것 같았다. 켈빈은 어머니에게 많은 것을 배웠다. 그중 하나가 지구력인데, 살아갈수록 더욱 필요한 능력이었다.

    켈빈은 학교에서 집으로 돌아오는 길에 전자 폐기물을 모으기 시작했다.

돈 없는 열한 살이었던 그는 특정 부속을 찾으려고 쓰레기통을 샅샅이 뒤졌고 이렇게 모은 낡은 기계들을 해체하고 조립해 새 기계를 만들었다.

밤이 되면 켈빈은 골똘히 생각에 빠져들었고 일찍 잠들었다가 한밤중에 다시 일어났다. 가족 모두 잠든 동안 그는 기계의 전선과 플러그를 낱낱이 감고 조였다. 거실이 꼭 전자 폐기물 처리장 같았다. 잠에서 깬 어머니에게 쫓겨 다시 잠자리에 드는 날들이 반복되었다.

켈빈은 사람들이 쓰레기라고 생각하는 것들로 자신이 몇 가지 작업을 시작할 수 있음을 금세 깨달았다. 예를 들어 망가져 버려진 라디오 같은 것을 다시 쓸 수 있게 만들었다. 이런 일로 그 지역에서 어느 정도 유명해졌다. 시에라리온에서 라디오는 중요한 물건이었다. 사람들은 라디오로 뉴스나 음악을 듣고 정보를 얻었으며 얘기를 나눴는데, 켈빈이 바로 그 기계를 수리할 수 있었다.

사실 라디오 수리는 걸음마에 불과했다. 곧 켈빈은 음악을 믹스하고 연주할 수 있는 세트를 만들었고, 여기에 마이크까지 연결했다. 이제 디제이로 활동하기 위해 더 이상 필요한 것은 없었다. 켈빈은 자신을 디제이 포커스(DJ Focus)라고 불렀다. 발명을 하려고 작업할 때 무척 집중했기 때문이다.

이웃이 파티를 열면 켈빈은 음악을 연주해서 적게나마 용돈을 벌었다. 그러나 걸림돌이 있었다. 번 돈의 대부분을 배터리를 새로 사는 데 지출했기 때문이다. 배터리는 비쌌고, 장기적으로 이런 지출을 감당할 수 없었다. 디제이 활동을 그만두고 싶지 않았던 켈빈은 실험을 시작했다. 배터리를 분해해 그 안에 무엇이 들어 있는지 꼼꼼히 살피기 시작했고 배터리를 직접 만들

기 위해 노력했다. 몇 번의 실패 끝에 배터리를 스스로 만들어 냈다. 켈빈은
전기를 이용해 디제이 장비를 작동시킬 뿐 아니라 이웃들까지 도울 수 있었
다. 그가 살던 지역은 정전이 잦았고 일주일에 한 번만 전기가 들어와서 나
머지 시간은 어두웠는데, 이제 켈빈이 만든 배터리로 더 많은 전등을 켤 수
있었다. 그는 작업을 계속했고 더 큰 프로젝트로 나아갔다.

라디오 디제이들이 진행하는 방송을 무척 즐겨 들었던 켈빈은 자신의 방
송국을 직접 만들고 싶었다. 그는 여전히 쓰레기통에서 전자 폐기물을 주워
모았다. 변함없이 수많은 밤을 지새우며 방송국 관련 일에 골몰했고 실패하
고 시도하며 고쳐 갔다. 이 모든 과정은 험난했고 때때로 감당할 수 없는 좌
절감을 안겨 주었다. 하지만 몇 달이 흐르자 프로젝트는 진전을 보였고, 마
침내 첫 방송이 송출되었다.
켈빈의 라디오 프로젝트는 하마터면 실패할 뻔했다. 켈빈이 내보낸 첫 방
송이 시에라리온에서 유명한 전파 가운데 하나를 사용했기 때문이다. 경찰
의 시비를 우려한 켈빈의 어머니는 라디오 안테나를 해체하라고 했다. 켈빈
은 그 대신 주파수를 바꿨고, 덕분에 사람들은 디제이 포커스의 방송을 계속
들을 수 있었다.

켈빈은 전기 발전기로 라디오 방송국을 가동했다. 이 발전기도 직접 만들
었기에 가족은 물론 이웃에게도 전기를 공급할 수 있었다. 이웃들이 켈빈의
발전기로 핸드폰을 충전했다. 그는 발명을 통해 친구와 이웃은 물론 친척까
지 돕는 것을 목표로 삼게 되었다.

켈빈은 자신이 세운 방송국으로 유명해졌고 친구들을 리포터로 채용했다. 방송 활동은 켈빈이 나아가고자 하는 큰 방향과 맞닿아 있었다.

"우리 마을에 라디오 방송국이 있으면 사람들은 이웃이 마주한 문제를 토론할 기회가 생깁니다. 시에라리온 전체도 마찬가지죠."[20]

전자 폐기물로 발명품을 만들어 이웃의 생활을 편리하게 한 켈빈은 곧 유명해졌다. 지역 신문과 텔레비전 방송국에서 켈빈을 주목했다. 켈빈은 자신이 만든 라디오로 혁신 대회에 참가해 결승전에 올랐다. 이 대회에서 켈빈이 거둔 가장 큰 수확은 데이비드 센게라는 학자를 알게 된 것이다. 센게는 시에라리온 출신으로 미국의 유명 대학에서 박사 과정을 밟고 있었고 혁신 대회를 조직했다. 그는 켈빈에게 멘토 같은 존재였다. 이제껏 집에서 15킬로미터 이상 벗어난 적이 없던 켈빈은 센게 덕분에 미국으로 여행을 떠나게 되었다. 데이비드 센게는 켈빈의 여행을 위해 최선을 다했다.

미국에서 켈빈은 세계 최고 공과 대학교인 매사추세츠 공과 대학교의 한 프로그램에 참가할 수 있었다. 열다섯 살 남자아이가 이 프로그램에 참가한 것은 당시 커다란 영예였다. 대체로는 커리어를 쌓아 가는 전문 직업인들이 이 프로그램에 초대받았기 때문이었다.

켈빈은 프로그램의 가장 어린 참가자였을 뿐 아니라 역대 참가자를 통틀어 두드러지게 어린 나이였다. 그는 미국에서 배울 수 있는 모든 것을 익혔다. 이 시기에 '프리타운에서 온 기적의 아이'라는 다큐멘터리 영화가 촬영되었다. 많은 이들이 켈빈에게 붙여 준 바로 그 이름이 영화의 제목이 되었다. 이 영상은 유튜브에서 큰 인기를 끌었고, 몇 개월 지나지 않아 조회 수 400회를 기록했다. 오늘날 이 영상은 1500만 번 조회되었다.

켈빈은 유명 인사가 되었고 고국의 많은 어린이와 청소년의 역할 모델이 되었다. 그는 다른 나라로 초대되어 강연했다. 자신의 이야기를 들려주려고 미국으로 여행할 때, 거리에서 사람들은 켈빈을 알아봤다. 유튜브 영상에서 본 바로 그 남자아이였다. 켈빈은 시에라리온의 대통령상도 받았다. 진짜 금으로 만든 훈장이었다.

현재 켈빈은 캐나다에서 연구를 진행하고 있지만 언젠가는 시에라리온의 대통령이 되려 한다. 그때까지 켈빈은 필요한 것들을 발명해 시에라리온과 다른 아프리카 국가의 생활을 개선하고 싶다.

그는 새롭고 친환경적인 에너지를 얻는 방법에 골몰하고 있으며 켈빈 도우 재단도 세웠다. 이 재단은 아프리카의 젊은이들을 격려해 아프리카 공동

켈빈 도우는 1996년 10월 26일에 태어나 시에라리온의 수도인 프리타운의 가난한 지역에서 자랐다. 돈이 없었기 때문에 켈빈은 그 지역의 쓰레기통을 샅샅이 뒤져 전자 폐기물을 찾아냈고, 이것으로 기구들을 조립했다. 켈빈은 자신이 발명한 물건으로 이웃 전체의 생활을 풍요롭게 했고, 시에라리온의 수많은 어린이에게 모범이 되었다.

체의 요구를 수용하며 공동체가 처한 문제에 대해 창의적인 해법을 찾아가려 한다.

켈빈 도우는 해법을 찾을 수 있다는 것을 알고 있다. 세상 곳곳에 재능과 열정, 발명 정신이 잠들어 있기 때문이다.

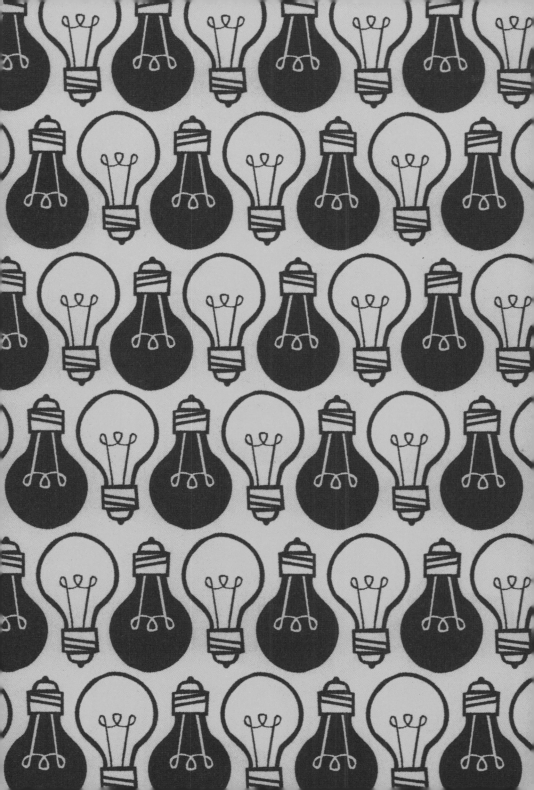

아미카 조지

———— 여권 운동가 ————

"학교에 무상 생리용품이 필요합니다. 이것은 인권의 문제입니다."[21]

가난에는 수많은 얼굴이 있다. 그 가운데 하나라면 젊은 여성이 생리 중에 생리용품을 살 수 없는 것이다. 결과는 비참하다. 어떤 이들은 화장지나 신문, 휴지나 잘라 낸 낡은 티셔츠와 양말 등을 속옷에 깔아 생리대를 대신한다. 또 다른 이들은 위험천만하게도 염증을 일으킬 수 있는 탐폰을 반복해서 사용한다. 생리 기간에는 아예 학교에 오지 않는 이들도 있다. 생리용품이 없으면 자신이 보잘것없고, 무방비 상태이며, 내동댕이쳐진 느낌에 사로잡힌다. 학업에 집중할 수 없는 이들은 차라리 한 주 동안 수업을 빠지기로 마음먹는다. 한두 달도 아니라 다달이.

많은 여자아이가 열 살 무렵부터 생리를 시작한다. 일곱 살처럼 아주 어린 나이부터 시작하기도 한다. 그렇지만 적지 않은 여자아이들은 이때부터 혼자 문제에 맞딱뜨리곤 한다. 절대 문제가 되어서는 안 되는, 세상에서 가장 자연스러운 일 때문이다. 성인이 된 여성들이 인터넷에서 '생리 빈곤'을 주제로 말하는 것을 들어 보면, 생리 때마다 가난을 뼈저리게 느꼈다고 한다. 생리 빈곤을 겪어 본 여성들은 성인이 된 지금까지도 자신의 유년과 청소년기에 겪은 위기를 떠올리며 당혹감과 수치심을 느낀다. 이런 일이 벌어져서는 안 된다.

아미카 조지는 우연한 기회에 생리 빈곤이 오로지 여자들 몫이라는 사실을 깨닫게 되었다. 아침 식탁에 앉아 뮤즐리를 먹으며 뉴스를 듣고 있을 때였다. 자신이 듣고 있는 뉴스가 믿기지 않았다.

"저는 숟가락을 내려놓아야 했어요."[22]

당시 열일곱 살이던 아미카는 생리 빈곤 같은 것이 자기 나라 영국에서, 이른바 문명의 시대에 벌어지고 있다는 것이 상상조차 되지 않았다.

"학생으로서 저는 말할 수 없는 충격에 휩싸였어요. 자연스러운 생리 현상 때문에 여학생들은 학업에 좋지 않은 영향을 받을 수 있었고, 결과적으로 남학생들과 비교해 평등한 교육을 받을 수 없었죠. 저를 캠페인으로 이끈 것은 바로 생리용품 문제에 대한 정부의 침묵이에요. 저소득층 여학생들에게 생리용품을 무상으로 제공하는 캠페인이 필요했어요."[23]

아미카는 즉각적으로, 인도적이면서 실용적으로 반응했다. 아미카는 화장실에 남자아이들을 위한 휴지가 비치되어 있다는 것을 알았다. 여자아이들은 생리하는 동안 휴지는 물론 탐폰과 생리대도 필요했다. 왜 생리용품이 무상으로 제공되면 안 되는가? 그것은 불공평하지 않은가?

아미카는 통계를 보고 충격에 빠졌다. 열네 살에서 스물한 살 사이의 영국 여자 인구 열 명 가운데 한 명이 생리용품을 살 수 없었다. 2018년에는 13만 7000명 이상이 생리 빈곤 때문에 수업을 포기했다.

영국 《허핑턴 포스트》(2005년 5월 미국 칼럼니스트인 아리아나 허핑턴이 설립한 대표적인 자유 계열 블로그 뉴스이다. 해외판 서비스도 활발히 운영된다 : 옮긴이)에 따르면 여성들이 평생 생리용품에 지출하는 비용이 2만 1000유로 정도로 계산된다. 큰 액수였다. 늦게나마 이 사실을 깨달은 아미카는 사회적으로 논란의 소지가 많고 큰 파장을 불러올 주제에 몰두했다.

아미카는 이 문제에 힘을 싣고자 2017년 봄에 '무상생리(free periods)' 청원을 시작했고 국가 차원에서 예산을 확보해 학교에 생리용품을 비치하도록 정부에 도움을 요청했다. 몇 주만에 2000명의 서명을 모았다. 청원 기간 막바지에 이르자 거의 28만 명이 함께했고, 청원은 성공적이었다. 이와 더불어 아미카는 2017년 12월에 시위를 시작했다. 2000명이 넘는 사람들이 시위에 참가했고, 남자아이도 상당수 섞여 있었다. 시위대는 빨간 목도리, 빨간 모자, 빨간 겉옷, 빨간 티셔츠 차림이었다. 빨강이 아름다운 색이기 때문이었다. 그뿐 아니라 생리가 여자아이든 성인 여자든 남자아이든 성인 남자든 모두와 어느 정도 연관되어 있음을 보여 주었다.

그사이 아미카의 태도는 더욱 분명해졌다. 생리는 비밀스러운 현상이 아니며 황새가 아이를 물어다 준다는 믿음도 옛말에 불과하다. 몇몇 사회와 문화

아미카 조지는 열일곱 살에 무상 생리 청원을 시작했다. 영국 학교에 생리대와 탐폰의 무상 비치를 요구하기 위해서였다. 이로부터 공립 학교와 대학교에 생리용품 무상 제공 캠페인이 시작됐다. 무상 생리는 여성의 권리에 대한 문제 제기이며 교육 평등과 직결되어 있기 때문이다.

및 종교에서는 생리를 여전히 더러운 것으로 치부하며 입에 올리지도 못하게 한다. 그러나 때로는 이러한 금기에 단호하게 대처해야 한다.

"우리는 생리에 대해 수군대는 것을 멈춰야 합니다. 전날 점심으로 무엇을 먹었는지 말하는 것처럼 생리에 대해서도 아무렇지 않게 터놓고 말하는 법을 배워야만 합니다."[24]

'수군거리는 사람은 거짓을 말한다'는 속담이 있다. 아미카의 활동과도 관련 있는 말이다. 수군대는 사람들은 여자들이 생리 기간에 공동체에서 내쫓기고, 극단적인 경우 노숙까지 하게 되는 상태를 지지하는 셈이다. 수군대는 사람은 어떤 여자아이들이 생리를 시작하는 동시에 학교 수업을 빠지게 되는 것에 어느 정도 책임이 있는 셈이다. 수군거리는 사람은 아무것도 막지 못한다. 수군거리는 사람은 아무것도 바꾸지 못한다.

아미카는 목소리를 높이기 시작했다. 2017년 11월 열린 테드엑스 발표(TEDx Talks)를 계기로 삼았다. 아미카는 서로의 경험을 나눌 수 있도록 다른 젊은 여성들과 네트워크를 만들었다. 그는 교육 운동가인 말랄라 유사프자이와 인터뷰를 진행했다. 질문을 던지고 답을 경청했으며 여자아이들이 직면한, 생리와 관련된 말도 안 되는 일화나 비뚤어진 선입견을 소개해 달라고 부탁했다. 말랄라가 들려준 이야기에 따르면 생리하는 여자들은 절대 야영하면 안 되는데, 곰이 피 냄새를 쫓아오기 때문이란다. 진짜 그런가? 이런 얘기를 듣고 아미카는 웃음을 터뜨리지 않을 수 없었다. 웃음은 대체로 최고의 치료약이지만 불신과 불안도 드러낸다. '생리'라는 주제에 의식적으로 다가가는 데 어이없는 웃음은 언짢아도 필요하다.

무상 생리는 오랫동안 여성의 기본권과 연관된 문제였다. 아니, 기본권 그 이상의 권리이다. 다시 말해 무상 생리는 법 문제를 떠나 인간의 존엄과 관련된 인권 문제이다. 한 달에 한 번씩, 평균 일주일 동안 학교를 결석하는 학생들은 어쩔 수 없이 교과 과정에서 뒤처지게 된다. 이런 현실은 달라져야 한다. 이로써 무상 생리는 교육의 평등, 기회의 균등 그리고 시대에 맞는 여성의 자아상을 대변한다.

감정적으로 뒤흔들린 한 학생이 신념 있는 페미니스트로 거듭났다. 아미카는 확신했다. 남자들이 생리를 하게 된다면 생리용품이 세금 없이, 아니면 공짜로 주어질 것이라고. 여자들에게 생리용품을 세금 없이, 또는 무상으로 제공하는 것이 아미카의 변함없는 목표이다. 아미카와 레드 박스 프로젝트(Red Box Project) 그리고 핑크 프로테스트(Pink Protest) 활동가들은 생리용품이 무상으로 제공될 수 있게 함께 활동하고 있다. 아미카는 이러한 사회 참여와 활동에 힘입어 2018년 유엔과 빌 & 멜린다 게이츠 재단이 공동 수여하는 골키퍼상(Goalkeeper Award)을 수상했으며 《타임》지가 선정한 가장 영향력 있는 청소년 25명의 명단에 여러 번 이름을 올렸다.

그사이 케임브리지 대학교에서 역사를 전공하는 아미카는 획기적인 정치적 승리를 이뤄 냈다. 잉글랜드도 스코틀랜드를 모범 삼아 2020년 1월 20일 이후부터 모든 국공립 학교와 대학교에 생리용품을 무상으로 제공한다.

그러나 세계적으로 수백만 명의 소녀들이 여전히 생리 빈곤에 시달리고 있다. 그래서 아미카는 《가디언》에 계속 기사를 쓰고 토크 쇼에 출연하고 무대에 서서 생리 빈곤이 낳는 결과에 대해 발언한다. 매력적이고 유연하며, 뚜렷한 자기 이해와 자의식을 갖춘 아미카는 스스로를 대변하지도, 일어서지도 못하는 여자아이들과 여성들을 옹호한다. 이를 위해 자신이 동원할 수 있는 모든 통로를 활용한다.

> "우리는 디지털 시대에 성장했고 10대라도 정치적 변화를 일으켜 세계에 영향을 미칠 수 있다는 것을 알았습니다. …… 젊은이들이 세계 곳곳에 끼친 영향과 변화의 예들이 있습니다. 10대들은 앞으로도 자신이 옳다고 믿는 것을 위해 발언하고 행동할 것입니다."[25]

열일곱 살 청소년이 불러온 저항은 정치적인 변화를 이끌어 냈다. 아미카는 완전히 독자적인 여성 운동의 대변인이자 문명 사회의 행동 모범이 되었다. 손으로 입을 가린 채 생리 빈곤에 대해 수군거리지 않고 사회 한복판으로 나아가 모두가 들도록 말한다. 생리는 더없이 자연스러운 것이고 빨강은 아름다운 색이라고. 가난과 생리 빈곤 때문에 여자아이와 여성의 발전이 지체되어서는 안 되며 세상이 이 문제를 해결해야 한다고.

무상 생리

시우테즈칼 마르티네즈

———— 환경 운동가 ————

"젊은이들은 예술과 시, 음악을 활용해 세상에 뛰어들어 상황을 주도하려고 합니다.
어쨌거나 우리가 미래 세대이기 때문이죠. 그리고 오늘 이곳에서 살고 있습니다.
우리는 이 세상이 돌이킬 수 없이 변해 가도록 손 놓고 기다리지 않을 것입니다."[26]

시우테즈칼은 자연을 사랑한다. 뭔가 완전히 잘못되고 있다는 것을 일찍
이 알아챘다. 어린아이였을 때부터 사람들이 땅을 잘못된 방식으로 다루고
망가뜨리는 것이 눈에 띄었다. 지구와 긴밀히 연결됐다고 느끼는 소년에게
지구를 망가뜨리는 사람들의 모습은 끔찍한 상상을 불러왔다.

그의 어머니는 텔레비전 인터뷰에서 이렇게 말했다.

"어린아이였을 때 시우테즈칼이 어떻게 숲을 누비고 다녔는지 눈 앞에
생생해요. 사람이 자연과 깊이 연결되어 있다는 것을 느낄 수 있었죠. 우
리 가족은 항상 지구를 위해 무엇을 할 수 있을지 많은 이야기를 나눴어
요. 자연과의 유대감과 가족 간의 유대감이 아이에게 영향을 미쳤어요."[27]

자연과 깊이 결속되어 있다고 느끼는 것은 시우테즈칼의 조상, 특히 아버
지 쪽 조상과 연관이 있다. 그의 아버지는 멕시코 원주민(외부 사람들이 어떤 지역

을 획득하거나 국가를 세우기 훨씬 전부터 그곳에서 살았던 이들을 말한다. 원주민 집단은 전통을 보존하는 것에 큰 가치를 부여하고 자신의 고향과 특별한 방식으로 연결되어 있다고 느낀다. 그들은 현재 사는 국가에서 대체로 소수이다. 원주민들은 역사적으로 억압받거나 내몰리고 쫓기는 경험을 자주 했다) 출신이었다. 유럽인이 이 대륙을 침략해 오랫동안 야만적인 전투를 벌여 식민지를 건설하기 전부터, 그곳에 있던 무수한 것을 파괴하거나 유럽으로 가져가기 전부터, 그들은 여러 세대에 걸쳐 중앙아메리카에 살았다.

시우테즈칼은 아즈텍족에 뿌리를 두고 있는데, 그의 이름에도 그 흔적이 남아 있다. 시우테즈칼은 태어날 때부터 아즈텍족의 관습과 세상을 보는 고유한 관점을 지니고 그 문화적 유산 속에서 성장했다. 이러한 유산은 그의 일부가 되어 그에게 아로새겨졌다. 땅은 신성한 것이라는 믿음도 이러한 유산에 속한다. 생명과 자연은 보호받아야 마땅하다. 땅이 인간은 물론 모든 생명의 기초이기 때문이다. 모든 것은 서로 연결되어 있다. 그러므로 인간은 자연을 소중히 여기며 보존해야 한다. 결국 자신의 생존과 다음 세대의 생존은 자연에 대한 깨달음과 실천에 달려 있다.

시우테즈칼이 우리 시대의 사람들이 환경을 대하는 방식을 보고 큰 충격을 받은 것은 당연했다. 환경을 존중하는 대신 착취를 일삼았기 때문이다. 아이는 이런 방식에 분노하여 뭔가 바꾸려 했다. 그래서 여섯 살 때 처음으로 무대에 섰고, 사람들이 자연 및 환경과 더 나은 관계를 맺게 하려고 온 힘을 다했다. 그는 사람들을 흔들어 깨우려 했다. 지구의 상태를 보고 자신이 느끼는 것을 대중에게 말하려 했고, 어른들에게 책임을 물었다.

여섯 살 아이는 베이지색 셔츠에 빛바랜 청바지를 입고 검고 긴 머리를 어깨까지 늘어뜨리고 무대에 섰다. 마이크 스탠드에 비해 키가 너무 작아 마이크를 자기 쪽으로 끌어당겨야 했다. 하지만 그의 기운과 의식에 비하면 그런 것은 아무 문제도 되지 않았다. 아즈텍 조상들의 언어로 그는 자연의 기본 요소인 물, 흙, 불, 공기에 감사했다. 사람이 이러한 자연으로부터 생명을 부여받았기 때문이다. 이 어린아이의 이야기는 관중들의 박수갈채로 사이사이 끊기곤 했다. 관중석에는 어른과 어린이가 같이 앉아 있었다.

다섯 살 때 시우테즈칼은 재벌이 운영하는 큰 공장들이 문을 닫아야 한다고 생각했다. 땅을 수탈하는 데 재벌의 책임이 크다고 생각했기 때문이다. 그렇지만 시간이 흘러 시우테즈칼이 공개적으로 처음 모습을 드러낸 날, 그는 재벌과 기업의 책임을 얘기하기보다 모든 사람이 조금이라도 지구를 보호하기 위해 할 수 있는 작은 일이 무엇인지 알려 주려 했다. 그는 재벌들의 상품을 사지 말자고 제안했고, 빈방의 불을 끄고 수도꼭지를 잘 잠그자고 사람들을 북돋았다.

"함께라면 우리는 해낼 수 있을 겁니다." 하고 그는 이야기를 마무리했다.[28]

여섯 살 때 시우테즈칼은 이미 환경 운동가였을까?
나중에 쓴 책에서 그는 이렇게 회고했다. 여섯 살 때 자신은 진정한 운동가라기보다 자신의 우려를 사람들에게 알리는 사람이었다고.
시우테즈칼은 계속 무대를 이어 나갔고 환경을 보호하기 위해 끊임없이

투쟁해 나갔다. 그의 지칠 줄 모르는 투신에는 또 다른 이유가 있었다. 바로 아버지가 물려준 문화적 유산에 어머니의 참여가 더해진 것이다. 부모의 영향과 도움은 시우테즈칼이 투쟁하는 데 큰 힘이 되었다. 그의 어머니는 1992년에 시우테즈칼과 함께 지구 지킴이(Earth Guardians)라는 단체를 조직했다. 지금은 시우테즈칼이 이 단체에서 주요 역할을 맡아 하고 있다.

이 단체는 전 세계 청소년들이 환경 의식을 키우도록 돕고, 이로써 기후 운동과 환경 운동에 적극 참여해 사회 정의를 실현해 나가게끔 힘을 싣고 있다. 이들은 창의성을 끝도 없이 발휘하며 활동한다. 예술 프로젝트를 펼치든, 음악 활동을 하든, 혹은 시민으로 사회에 참여하든 아무 제한이 없다. 모두가 세계를 위해 참여하고 활동하며 자연과 지속 가능한 관계를 맺어 간다. 그렇게 사람들의 생각을 변화시킨다.

그사이 시우테즈칼은 지구 지킴이의 청소년 지도자가 되었다. 그는 어린 시절에도 그랬듯 환경 보호 운동에 온 힘을 다했다. 시우테즈칼은 공원에서 더 이상 살충제를 쓰면 안 된다고 강력하게 주장했고, 천연가스 채취 작업에 맞서 싸웠다. 석유나 천연가스를 얻기 위해 채굴을 하면 높은 압력을 받은 화학 물질이 액화되어 땅으로 뿜어져 나온다. 사람들은 이 작업이 지하수를 오염시킬 수도 있으며 의심할 여지 없이 지반을 붕괴시킨다고 비판한다. 천연가스를 채취하고 나면 땅은 여기저기 균열이 생긴다. 말로는 에너지를 얻기 위해 이러한 위험을 감수한다지만, 사실은 몇 명 되지 않는 한 줌의 사람들을 위해 돈을, 그것도 큰돈을 벌기 위해서다.

이런 일을 받아들일 수 없었던 시우테즈칼은 자신이 무엇을 지키려고 말하는지 다시 한번 깨달았다. 그가 자란 미연방 콜로라도주에서 수많은 천연가스 채굴이 이뤄지고 있었고, 그 결과를 외면할 수 없었다. 한 사진에는 눈으로 뒤덮인 거대한 로키산맥 정상이 보인다. 맑은 호수와 숲이 펼쳐진다. 꼭 그림책 속의 장면 같다. 또 다른 사진도 있다. 헐벗은 풍경 위로 천연가스 채취 탑이 우뚝 솟아 있고, 그 지역을 빙 둘러 울타리를 치고 경고판을 세워 놓았다. 천연가스 채취가 주거지 가까이에서 진행되는 일도 종종 있었다. 시우테즈칼은 천연가스 채취를 중단시키려 했다. 그는 시위를 이끌었고, 참가자들의 가슴을 뜨겁게 만들었으며, 실제로 몇몇 채취 작업을 중단하도록 영향력을 행사했다.

그는 열정적으로 사회에 참여했기에 엄청난 적과 맞서야 했다. 그를 다룬 다큐멘터리 영화에서 시우테즈칼은 가족들이 석유 산업과 가스 산업 측으로부터 어떤 위협에 시달렸는지 회상했다. 이런 이유로 그의 어머니는 한동안 아들이 혼자 하교하는 것을 허락하지 않았다.

그는 여러 위협에도 저항을 멈추지 않았다. 같은 시대를 살아가는 미국 사람들을 일깨웠고 투쟁을 하기 위해 모든 기회를 붙잡았다. 2015년 그와 청소년 20명은 미국 정부를 고소했다. 잠깐이었지만 최고의 순간이었다. 21명의 청소년들은 국가 권력자들이 땅이 파괴되는데 아무것도 하지 않고 오히려 파괴를 부추긴다고 비판했다. 이러한 국가의 방임으로 젊은이들의 자유와 생명에 대한 권리가 훼손된다는 것이다. 법정 투쟁 과정에서 원고는 정부에게 온실가스 배출(배기가스 배출이라고도 한다. 석탄을 태우거나 자동차와 비행기의 운행으로 배출되는 이산화 탄소가 주로 해당한다)을 줄이도록 조치하라고 요구했다.

청소년들은 2020년이 시작될 무렵, 거의 5년이 지난 시점에 패소했다. 그렇지만 판결문에서는 명백히 다음 사실에 주의를 기울이고 있다. 투표로 선출된 정치가들이 도의적으로 책임을 져야 하며 이에 따라 기후 위기에 대한 해법을 찾아 시행해야 한다는 점이다.

왕성한 사회 참여와 지칠 줄 모르는 지속적인 활동으로 시우테즈칼은 가장 유명한 환경 운동가가 되었다. 그는 더 이상 평범한 청소년의 삶을 살지 않는다. 그의 일과는 촘촘하게 짜여 있다. 모든 이들로부터 쏟아지는 기대와 큰 관심을 받는 것이 쉬운 일만은 아니다. 한번은 패션 브랜드 에이치앤엠(H&M)과 지속 가능한 패션을 다루는 광고를 찍었고, 이 일로 다른 환경 운동가들에게 반감을 샀다.

시우테즈칼은 현 상황의 심각성을 생생히 보여 주기 위해 세계 곳곳을 여행한다. 그는 강연에 나서고 토크 쇼에 출연하며, 그때마다 최연소 출연자가 된다. 그는 자기 또래가 지구를 구하는 데 열정을 갖도록 자신의 유명세를 활용한다.

그의 인스타그램에는 9만 4000명의 팔로워가 있다. 그가 전하는 환경 보호 메시지는 우리 모두와 관련된 질문이다. 환경 보호는 사회적 질문이기도 하며 불평등에 관한 질문이기도 하다. 그는 신문 사설에 이렇게 썼다.

"화석 연료의 획득과 보급, 수송으로부터 지구 파괴를 불러오는 극단적인 기후 재앙에 이르기까지 기후 위기의 모든 문제는 가난한 사람들일수록, 백인으로 구성되지 않은 공동체일수록, 더욱 심각하게 들이닥칩니다."[29]

시우테즈칼은 아즈텍족의 후손이라는 정체성을 갖고 있다. 그는 자신의 문화와 원주민 공동체가 기후 위기의 해법에 얼마나 크게 기여할 수 있는지 거듭해서 분명히 이야기한다.

"원주민 공동체는 여러 세대에 걸쳐 지구라는 행성에 사는 우리가 자연과 어떻게 조화를 이루며 살 수 있는지에 관한 지혜와 지식을 전해 줍니다. 우리는 우리를 피해자로만 인식하는 데 머무르지 않고, 어떻게 이 위기를 견뎌 내고 가능한 미래를 만들어 갈 수 있을지 대화해야 합니다. 우리가 그 대화의 진지한 몫을 맡을 수 있습니다. 그러므로 원주민 공동체의 가치를 세상에 더 많이 알려야 합니다."[30]

시우테즈칼은 기후 위기가 기후 정의에 관한 것임을 인식했다. 그래서 그는 2015년 유엔 연설에서 기후 정의에 관한 질문을 핵심에 두었다. 바로 미국 정부를 고소한 해였다. 유튜브에서 그가 등장하는 영상은 100만 번도 넘

시우테즈칼 마르티네즈는 2000년 5월 9일에 미국에서 태어났다. 환경 보호의 중요성을 이웃에게 알리기 위해 여섯 살 때 처음으로 무대에 섰다. 그때부터 기후 시위를 조직했고 2015년에는 미국 정부를 고소하기도 했다. 환경 운동가이자 힙합 가수이기도 하다.

게 조회되었다.

　"기후 변화는 인권의 문제입니다. 기후 변화는 특히 개발 도상국에 문제가 됩니다. 다른 누구보다 여성, 어린이, 유색인 등에게 더 큰 영향을 미칩니다. …… 과연 무엇이 문제일까요?"

　열네 살 소년이 힘 있는 어른들을 앞에 두고 계속 질문했다.
　"바로 우리 세대의 생존에 관한 문제입니다."

그는 이렇게 자신의 연설을 마쳤다.

　"저는 여러분이 우리를 위해 일어나기를 바라지 않습니다. 저는 여러분이 우리와 함께 일어나기를 바랍니다. 함께해야 우리가 세계를 변화시킬

수 있기 때문입니다. 쉬운 일은 아니겠지요. 그렇지만 우리의 책임입니다. 우리는 미래 세대에 빚지고 있습니다."[31]

시우테즈칼은 여전히 검고 긴 머리를 하고 있다. 그는 공개적으로 어른들에게 의견을 건네고 손을 내미는 인물이다.

무대와 시우테즈칼은 서로 잘 어울린다. 그래서 그는 음악도, 정확히 말하면 힙합도 만든다. '시우테즈칼'로서 여행을 하고 자신이 몰두한 주제들을 랩으로 노래한다.

그의 노래 〈Broken〉의 가사는 이렇다.

"I believe that the world can be more than what it is
I believe all the loss we've felt will teach us how to give
I look back at our ancestors and how they used to live
In balance with the planet, that's how we've got to live
With love being the compass that guides the way
Leads us home
I believe the brighter days are on their way
We've gotta hope."[32]

우리말로는 이런 뜻이다.

"나는 믿어요, 세상이 지금보다 좋아질 수 있다고

나는 믿어요, 상실을 슬퍼하는 만큼 베푸는 법도 배울 수 있다고

돌아보아요, 우리 조상들이 살던 모습을

지구와 조화를 이루어, 우리도 그렇게 살아야 해요

사랑이 나침반이 되어

집으로 길을 인도하겠죠

나는 믿어요, 더 밝은 날이 오고 있다고

우리, 희망을 잃지 말아요."

말랄라 유사프자이

"어린이 한 명과 교사 한 명,
책 한 권과 연필 한 자루가 세계를 바꿀 수 있습니다."[33]

분홍 원피스를 입고 작은 가방을 둘러멘 여자아이가 양탄자에 앉아 카메라를 보고 있다. 이 아이가 말랄라 유사프자이다. 다른 사진에서 아이는 밍고라 가정집 정원에 서 있다. 아이 주위에는 아버지와 어머니, 어린 남동생 둘이 서 있다.

행복한 어린 시절이었다. 아이의 집에는 방문객이 끊이지 않았다. 말랄라는 집을 찾아온 친척과 이웃, 친구들을 기억한다. 당연히 남동생들과 다투었고 또 같이 놀았다. 마당에서는 잡기 놀이, 숨바꼭질, 크리켓, 배드민턴, 천국과 지옥 놀이가 이어졌다.

분홍은 말랄라가 변함없이 제일 좋아하는 색이다.

모든 것이 매우 평범했지만 평범하다고만 할 수 없었다.

말랄라는 자기가 스와트의 어느 여자아이들과는 전혀 다르게 산다는 사실을 시간이 한참 흐른 뒤에야 깨달았다. 스와트는 파키스탄 지역으로 말랄라의 가족이 뿌리내린 곳이다.

다른 여자아이들이 너무 다르게 커 가는 것은 나라의 전통과 문화, 종교 때문이다. 파키스탄의 파슈툰(대부분 아프가니스탄과 파키스탄에 살고 있는 소수 민족이다. 파키스탄에 거주하는 파슈툰인 수가 상대적으로 많다 해도 소수민이다. 특히 아프가니스탄 쪽의 국경 지대에 사는 파슈툰인들은 최근까지도 억압과 차별을 겪고 있다) 사회에서는 성 역할이 분명하게 나뉘어 있다. 남자들은 발언권을 갖고 가족의 생계를 책임지며 가족을 보호한다. 여자들은 가족을 돌보고 가사일을 도맡으며 아이들을 키운다. 여자는 남자에게 봉사한다. 수많은 여자아이가 어린 나이에 결혼하는데, 열 살 미만인 경우도 드물지 않다. 많은 어른들은 왜 여자아이가 학교에 가야 하느냐고 묻는다. 이런 태도 때문에 농촌에 사는 수많은 젊은 여성과 그 위 세대의 여성은 대부분 읽지도 쓰지도 못하고 셈도 못한다. 말랄라의 어머니 역시 배우지 못했다. 말랄라의 어머니가 하나뿐인 딸을 완전히 다른 방식으로 키웠다는 것은 생각할수록 놀라운 일이다.

말랄라는 어렸을 때부터 남자들의 대화와 정치적 논쟁에 귀를 쫑긋 세웠다. 그런 쪽에 관심이 더 많았기 때문에 집안일은 자신이 할 수 있는 만큼만 겨우 했다. 식구들 그 누구도 말랄라가 남자들의 대화와 논쟁에 귀 기울이는 것을 금지하지 않았다. 어머니도 아버지도 학구열이 왕성한 딸을 막지 않았다. 오히려 정반대였다. 말랄라의 아버지는 밍고라에서 쿠샬이라는 학교를 운영했는데, 이 학교에는 초등학교와 상급 학교 두 개가 있었다. 하나는 남학교였고, 다른 하나는 보기 드문 여학교였다. 부모는 말랄라가 아직 말을 하기도 전인 어린 시절에 학교 빈 교실에서 선생님 놀이를 했다. 부모는 딸이 학교에 가서 공부하는 것이 당연했고, 말랄라는 부지런히 공부해서 학급 최고가 되는 것이 당연했다.

말랄라는 최고의 학생이 되는 데 대부분 성공했다. 계속 공부할 수 있었다면 말랄라는 어릴 때 꿈꾸던 대로 의사가 됐을지도 모른다.

그러나 상황은 완전히 다르게 흘러갔다.

2007년에 탈레반(근본주의를 중시하는 이슬람교 단체로 코란을 매우 엄격하게 해석하고 극도로 전통적인 세계관을 실현하려 한다. 이를 위해 폭력도 서슴지 않는다)은 파키스탄에서 점점 더 세력을 키웠다. 이 급진적인 이슬람교 집단은 신의 국가를 건설하려 했고, 말랄라가 사는 스와트를 근거지로 삼았다. 규율은 더 엄격해졌다. 음악을 듣고, 영화관에 가고, 춤을 추는 일 등 재미있는 활동은 모두 금지되었다. 남자들은 담배를 피우는 것이 금지되었고, 여자들도 가능한 한 집을 떠나지 말아야 했다. 혹시라도 집 밖으로 나서야 한다면 반드시 두건을 뒤집어써야 했다. 새롭게 선포된 규칙에는 여자아이들을 학교에 가지 못하게 하는 내용도 있었다.

탈레반은 사람들을 위협했다. 2008년 한 해에만 학교 200곳을 공격했다. 그 와중에도 말랄라와 동급생들은 수업을 받았다. 학교에서 말랄라와 친구들은 교사들로부터 격려를 받았고 논설문과 연설문을 작성했다. 이들은 이런 방식으로 탈레반의 테러에 맞섰고 교육의 자유가 침해받는 것에 대항했다. 학생들은 어쩌면 자신의 영혼을 뒤흔드는 두려움에 관해 글을 썼을지도 모른다. 사실 공포는 엄청났다. 한 지역 신문의 카메라 팀이 학교에 왔고 말랄라는 처음으로 공개적으로 발언했다.

"우리는 더 이상 석기 시대에 살고 있지 않습니다. 그런데 우리의 조국은 퇴보하고 있지요. 우리 소녀들은 우리의 권리가 제한당하도록 내버려 두지 않을 것입니다."[34]

이것이 시작이었다. 2009년 1월 15일, 탈레반의 명령으로 스와트의 모든 여학교가 문을 닫자 비비시(BBC) 특파원은 여학생을 찾았다. 탈레반 정권하의 일상을 보도해 줄 학생이 필요했고, 말랄라는 이 과제를 넘겨받았다. 말랄라가 열한 살 때였다. 아무도 자신이 누구인지 알아볼 수 없게 '굴 마카이'라는 가명을 썼다. 우르두어로 수레국화라는 뜻이다. 말랄라는 2009년 1월 3일에 첫 번째 블로그 글을 썼다. 다음과 같은 제목이다.

"저는 두려워요."[35]

말랄라는 2009년 1월에서 3월까지 10주에 걸쳐 비비시를 위해 인터넷 일기를 썼고, 탈레반이 어떻게 사람들을 억압하는지 알렸다. 말랄라는 탈레반이 자신이 학교에 가는 것을 어떻게 금지시켰는지, 부르카(무슬림 여성의 일부가 착용하는 의복이다. 머리와 몸을 천으로 완전히 뒤덮고 얼굴까지 가리지만, 눈 부위에는 망사로 되어 있다. 무슬림 여성들은 부르카 외에도 여러 종류의 두건을 착용한다. 부르카와 비슷하지만 눈 부분이 뚫려 있는 니캅, 두건으로 머리, 목, 어깨를 덮지만 얼굴은 가리지 않는 히잡 등이 있다. 이런 것들은 다양한 명칭으로 뒤섞여 쓰인다) 착용을 어떻게 강요했는지도 썼다. 말랄라는 자신이 좋아하는 분홍색 원피스를 더 이상 입을 수 없었다. 말랄라는 사람들이 빠져나간 텅 빈 거리와 황량한 시장, 사람들이 느끼는 공포를 그려 냈다. 사람들이 감히 상상조차 할 수 없는 일을 해내며 교육에 관한 자신의 권리를 공개적으로 요구했다.

이 시기에 쓰인 말랄라의 블로그 글들은 몇 안 되는 증인들이 들려주는 이야기 가운데 하나로, 수십만 명이 그 글을 읽었다.

말랄라는 자신의 목소리를 찾았다. 스와트에서 무슨 일이 벌어지는지 세계에 알렸다. 그러자 말랄라의 가명이 밝혀졌고 살해 협박이 잇따랐다. 그래도 멈추지 않았다. 말랄라는 파키스탄 군인들이 탈레반에 맞섰을 때 대낮의 거리에서 사람들이 얼마나 채찍질을 당하는지, 공개 처형과 자살 폭탄 테러, 폭탄 공격과 드론 공격이 어떻게 이뤄지는지 알고 있었다. 이에 맞서 말랄라는 인터뷰를 하고 자진해서 《뉴욕 타임스》에 언론 르포를 보냈다. 그는 텔레비전 쇼와 수많은 강연에 나가 연설했다. 소녀들의 공적인 권리를 강화하기 위해, 무엇보다 이들의 교육받을 권리를 위해, 자신이 동원할 수 있는 모든 기회를 활용했다. 말랄라는 자신의 생각을 경청하는 모든 이와 이야기했다. 말랄라는 자기 목소리를 낼 수 없는 이들을 대신해 발언하며 평화와 교육을 향한 모든 어린이의 권리를 위해 일어섰다.

말랄라는 사회 참여 활동으로 수많은 상을 받았다. 2011년에 국제 어린이 평화상 후보에 올랐고 같은 해 처음으로 파키스탄 청소년 평화상을 받았다. 그 뒤로 이 상은 해마다 수여되었고 '말랄라 평화상'으로 불리게 되었다. 2012년 《타임》지는 말랄라를 그해의 가장 중요한 인물로 선정했다. 당시 미국 대통령 버락 오바마 바로 다음으로 중요한 인물이 되었다. 2013년 말랄라는 정신의 자유를 위한 사하로프상을 받았다. 이 상은 유럽에서 가장 권위 있는 인권상이다. 국제 사면 위원회(Amnesty International)는 말랄라를 '양심의 전령'이라고 불렀다.

말랄라는 이제 의사가 되고 싶지 않았다. 정치가가 되고 싶었다. 말랄라는 자신이 받은 상금으로 위기에 처한 어린이를 도우려 했다. 2012년 12월, 유네스코(유엔의 하위 조직. 이 조직의 목표는 교육, 학문, 문화 분야의 국제적 협력과 교류에 있다. 유네스코의 세계 문화유산 목록은 유명한 예이다. 이 목록에는 특별히 보호할 가치가 있다고 여겨지는 건축물이나 옛 도시가 오른다)와 파키스탄은 말랄라 기금을 조성했다. 이 기금의 사명은 이렇다. 어떤 어린이도 거리에서 생활해선 안 되며 오물로 뒤덮인 쓰레기 산을 뒤지거나 쓰레기를 분리하거나 그 어떤 노동도 해서는 안 된다. 그리고 스와트에 있는 모든 여자아이는 학교에 갈 수 있어야 한다.

말랄라의 어머니도 그사이 읽기와 쓰기를 배우고 영어 수업을 받았다. 가끔 어머니와 딸은 저녁에 함께 어휘를 열심히 외웠다.

말랄라가 유명해질수록, 그의 참여와 헌신은 점점 더 큰 위험을 불러왔다. 2009년 7월, 파키스탄 정부는 스와트가 탈레반으로부터 해방되었다고 선언했지만 사정은 달라지지 않았다.

3년 뒤인 2012년 10월, 탈레반 전사 한 명이 말랄라의 머리에 총을 쐈다. 말랄라가 학교에서 집으로 돌아오는 길이었다. 함께 있던 친구 둘도 부상을 입었다. 말랄라는 자서전에 이렇게 적어 놓았다.

"무덥고 끈적거리는 날이었어요. 퇴근 시간에 학교 버스가 혼잡한 교통으로 넘쳐 나는 거리를 통과해 밍고라에서 덜컹거리며 달리고 있었죠. 한 젊은 남자가 버스를 멈춰 세우고 운전사에게 이 버스가 쿠샬 학교 버스냐고 물었던 게 기억나지 않아요. 다른 한 남자가 뒷문으로 뛰어올라 우리 쪽으로 몸을 구부린 게 기억나지 않아요. '누가 말랄라지?'라고 묻는 소리를 전혀 듣지 못했어요. 저는 '탕, 탕, 탕!' 울리는 세 발의 총소리도 듣지 못했어요. 저는 다음 날 숙제를 생각했던 게 기억나요. 그런 다음에는 모든 것이 캄캄해졌어요."[36]

말랄라는 목숨을 거의 잃을 뻔했다. 그는 치료를 위해 영국 버밍엄으로 비행기를 타고 이동했다. 혼수상태에 빠져 더 이상 제대로 볼 수도, 들을 수도 없었다. 그는 수술을 수도 없이 받아야 했다. 말랄라의 부모와 남동생 둘은 말랄라를 따라 영국으로 갔다. 가족 모두 망명해서 살게 되었다. 탈레반은 말랄라가 파키스탄으로 돌아오면 말랄라를 죽이겠다고 계속 협박했다.

고향을 그리워하던 말랄라는 테러 공격을 당하고 5년 6개월이 지난 2018년에 드디어 파키스탄으로 잠시 여행할 수 있었다. 단 중무장한 보호 인력이 동행한 여행이었다.

영국 버밍엄은 말랄라에게 두 번째 삶을 시작하게 해 주었다. 그는 학교에 다니며 운동가로서 변함없이 세계 곳곳의 거리를 누비고 있다.

2013년 7월 12일, 열여섯 살 생일에 말랄라는 뉴욕 유엔 본부에서 연설했다. 100여 개국에서 온 1000명에 가까운 사람들 앞에서 희망에 찬 목소리로

분명히 말했다.

"2012년 10월 9일 탈레반은 제게 총을 쐈고 왼쪽 이마를 맞혔습니다. 그들은 친구들도 쏘았습니다. 그들은 총탄이 우리를 입 다물게 할 것이라 여겼겠지만, 실패했습니다. 정적을 뚫고 수천 명의 목소리가 흘러나왔기 때문입니다. 테러리스트들은 제 목표를 바꿀 수 있고 제 명예심도 억누를 수 있을 것이라 여겼습니다. 그러나 한 가지를 제외하면 제 삶에서 아무것도 변하지 않았습니다. 그러니까 나약함, 공포, 절망은 사라지고 강인함, 힘, 용기가 솟아났습니다."[37]

유엔은 그날을 '말랄라의 날'로 정하고 해마다 모든 어린이가 교육받을 권리, 특별히 여자아이들의 권리를 기념하기로 했다. 2013년 세워진 말랄라 재단은 기금을 만들어 말랄라의 고향인 밍고라 북동부에 여학교를 지었다. 그사이 열일곱 살이 된 말랄라는 2014년 7월에 나이지리아를 방문했다. 급진적인 테러 집단 보코 하람(나이지리아의 여러 지역에서 세력을 키우며 인근 접경 국가에서도 활동하는 이슬람 테러 집단. 이들은 자기와 신앙이 다른 이들을 살해하고 폭탄 테러를 일으키며 2014년에는 여학생 250명을 납치했다)에 납치된 여자아이들의 부모들을 만나기 위해서였다. 열여덟 살 생일에는 레바논에 시리아 난민 소녀들을 위한 학교를 열었다.

말랄라는 말했다.

"오늘, 성인이 된 첫날에 저는 세계의 지도자에게 호소합니다. 책을 사세요. 무기 말고요."[38]

2014년에 말랄라는 역사상 가장 어린 나이에 노벨 평화상을 수상했다. 2017년에는 유엔 평화 대사로 임명되었다. 다시 세계에서 가장 나이 어린 평화 대사가 된 것이다.

오늘날 말랄라는 무엇을 할까? 그는 옥스퍼드 대학교에서 철학, 정치, 경제를 전공하며 학교에 갈 수 없는 전 세계의 수백만 어린이를 위해 싸우고 있다. 말랄라의 용기는 전 세계 사람들에게 깊은 인상을 남겼다. 엘리자베스 2세나 버락 오바마 같은 저명한 정치인들이 이 어린 교육 운동가를 만났다. 말랄라는 사람들이 자신의 권리를 내세우고 자신의 꿈을 포기하지 않게 격려한다.

말랄라는 언젠가 파키스탄으로 돌아가 수상이 되는 것이 꿈이다.

2013년 유엔 연설에서 그는 말했다.

"저는 탈레반이 쏜 총을 머리에 맞은 소녀로 기억되고 싶지 않습니다. 저는 교육을 위해 싸우는 소녀로 기억되고 싶습니다."[39]

말랄라 유사프자이는 1997년 7월 12일 팔레스타인의 스와트에서 태어났다. 열한 살에 탈레반 정권하의 일상을 담은 블로그 글을 써 비비시에 기고했다. 그때부터 말랄라는 여자아이들의 권리를, 특히 교육에 관한 권리를 적극적으로 주장하고 있다. 2012년 10월에는 탈레반의 살해 시도로 심각한 부상을 입었지만 살아남았다. 2014년 10월 10일, 말랄라는 여느 수상자보다 훨씬 어린 나이에 최연소 노벨 평화상 수상자라는 영예를 안았다.

탈레반의 공격을 받은 말랄라는 쓰기와 말하기를 다시 배워야 했다. 왼쪽 얼굴을 지나는 신경 가운데 절반이 마비되었기 때문에 절반의 웃음은 얼굴을 가린 손 뒤에 숨어 있었다.

그럼에도 말랄라 유사프자이는 스스로 침묵을 용납하지 않았다.

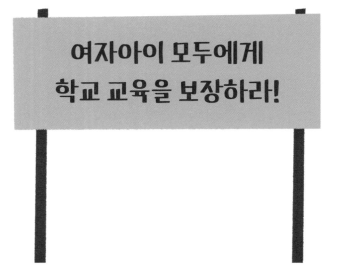

보얀 슬랫

—— 환경 운동가, 발명가 ——

"사람들은 혁신을 부자가 되는 가능성으로 보는 것 같습니다.
세계를 더 나은 곳으로 만들고 인간성을 풍요롭게 하는 길로
보지는 않는 것 같습니다."[40]

어쩌다 엄청난 아이디어가 떠올라 마음이 뒤흔들리는 때가 있다. 우연히 대단한 비전이 떠오르는 경우도 간혹 있다. 보얀 슬랫의 경우에는 비전이 그를 향해 몰려드는 게 틀림없다고 말해야 할 것 같다.

보얀 슬랫은 열여섯 살에 그리스에서 방학을 보내며 취미인 잠수를 하러 바다로 갔다. 그날 보얀은 물속에서 소스라치게 놀라고 말았다. 물고기보다 더 많은 비닐봉지가 물속에 떠다니고 있었다. 이 비닐봉지들을 왜 치우지 못할까? 보얀은 고민에 빠졌다.

바닷속을 떠다니는 끝도 없는 비닐이 머릿속에서 지워지지 않았다. 보얀은 열정적인 잠수부일 뿐 아니라 열정적인 발명가이기도 했기 때문이다. 보얀은 두 살 때 작은 나무 의자를 만들었고, 좀 더 커서는 나무 집을 세워 밧줄 미끄럼을 매달았다. 그의 어머니는 《뉴요커》에 실린 기사에서 보얀이 어린 나이에도 어른처럼 행동했고 놀이공원에 가기보다 공작 애호가 모임에 즐겨 갔다고 회고했다. 이런 행동들 때문에 보얀은 가끔 외로움을 탔다. 몇

해가 흘러 보얀은 지난 시간을 이렇게 기억했다. 체육 시간에 편을 가를 때 마지막까지 어느 편에도 들어가지 못했다고 말이다. 언제인가 그는 전학을 갔고 새 학교에서 자신과 비슷한 공작 애호가들과 발명가 친구들을 만났다. 보얀도 학교에서 친구들처럼 연구를 거듭해 갔다. 열네 살 때 그는 로켓에 흥미를 느꼈고 재료에 깊이 빠졌다. 낡은 물병으로 멋진 로켓 213개를 만들었고 한 번에 모두를 쏘아 올렸다. 세계 기록이었다.

보얀이 자신에 대해 말한 적이 있다.

"저는 꽤나 골몰하는 성격이에요. 일단 생각이 떠오르면 그 생각만 합니다. 밤낮없이 한 생각에 몰두해 있는 것이 아무렇지도 않아요."[41]

보얀이 그리스 휴가에서 돌아왔을 때도 분명 그리스에서 겪은 심각한 문제에 골몰해 있었음이 틀림없다. 자신도 바다 플라스틱 쓰레기를 만들어 낸 장본인임을 자각했다. 그리고 이런 상황에 맞서 대규모 학교 프로젝트로 무엇을 할 수 있을지 질문하면서 거대한 문제를 좇게 되었다.

세계의 바다로 버려진 플라스틱 쓰레기의 양을 정확히 파악하는 것은 간단하지 않다. 플라스틱이 모두 바다 위에 떠 있는 것도 아니고, 너무나 거대한 바다에서 전체 상황을 파악하는 것도 어렵기 때문이다. 그렇지만 추정치는 있다. 환경단체 WWF가 2017년에 발행한 소책자를 보면 해마다 500만 톤에서 1200만 톤의 플라스틱 쓰레기가 바다로 흘러들고 있다. 지금까지 바다에 흘러든 플라스틱은 총 1억 5000만 톤에 달한다. 다른 측정에 따르면 바다의 플라스틱 쓰레기는 대략 8000만 톤 정도다. 플라스틱 쓰레기는 자동차 타이어, 어망, 페트병, 양철통, 포장지 등이다. 플라스틱은 잘 썩지 않아 완전히 분해되기까지 몹시 오랜 시간이 걸린다. 이 때문에 바다는 걷잡을 수 없이 망가진다. 동물들은 쓰레기에 갇히거나 쓰레기를 먹고 죽

는다. 오래된 플라스틱으로 배를 가득 채우고 죽은 바다 동물의 끔찍한 사진들이 있다. 그 밖에도 플라스틱은 햇빛을 받고 소금물에 떠다니면서 점점 더 작게 분해되어 미세 플라스틱이 된다. 미세 플라스틱은 언제고 다시 인간에게 돌아온다. 미세 플라스틱을 섭취한 물고기를 사람들이 먹기 때문이다.

피해는 엄청나다. 오래된 병이나 요구르트 용기가 해변으로 밀려들면 플라스틱은 특히 눈에 잘 띈다. 그렇지만 문제는 바다 한가운데서도 드러난다. 인공 물질들이 모여들어 거대한 쓰레기 양탄자가, 더 실감 나게 표현하면 플라스틱 수프가 만들어진다. 지구의 바다에는 이러한 거대한 쓰레기 더미의 흐름이 전부 다섯 군데 있다. 그중 하나가 '태평양 거대 쓰레기 지대'로 불리며, 독일 영토의 네 배 크기에 이른다. 이곳에는 특히 플라스틱 쓰레기가 많이 모인다.

보얀 슬랫은 잠수를 하다가 바닷속에 물고기보다 더 많은 플라스틱이 있다는 것을 깨달았다. 왜 사람들은 이런 상황에 맞서 아무것도 하지 않는지 질문했고, 이런 생각이 그를 한시도 놓아주지 않았다. 그 후로 보얀 슬랫은 자신의 발명품인 일종의 바다 플라스틱 청소기를 발전시키기 위해 계속 작업하고 있다.

보얀은 학교 프로젝트를 통해 이러한 문제들과 씨름하면서 서글픈 경험을 했다. 많은 사람이, 이른바 전문가들까지도 큰 바다에서 플라스틱을 없애는 것이 불가능하다고 말했다. 이 일에는 수백만 유로의 비용이 들고 수천 년이 걸릴 거라고 예측했다.

보얀은 이런 주장에 무릎 꿇고 싶지 않았다. 진정한 발명가답게 그는 공학 장치를 개발했다. 그는 공학 장치를 통해 파도가 밀려드는 해안처럼 바다 한 가운데에 플라스틱 쓰레기가 밀려드는 장치를 만들고, 이렇게 밀려든 플라스틱을 잘 모아 운반해 재활용하게 하려고 했다.

이 장치를 거대한 플라스틱 청소기라고 상상할 수 있다. 이런 노력으로 보얀은 적어도 사람들의 관심을 끌었고 지역 신문에 실렸다. 그는 네덜란드의 도시 델프트의 대학 강연에 초대되었다. 부스스한 머리에 어두운색 바지를 입고 헐렁한 셔츠를 걸친 그는 자신이 겪은 일과 앞으로의 계획을 이야기했다. 그의 강연 영상이 인터넷에 올라왔다. 그렇지만 처음부터 많은 사람이

이 영상을 본 것은 아니었다.

그사이 보얀은 항공 비행 및 우주 비행 기술을 전공하고 있었다. 그렇지만 그의 비전은 그를 결코 놓아주지 않았다. 그는 교수들과 이야기를 나누고 용돈을 프로젝트에 쏟아부었고, 기업에 후원해 줄 수 있는지 문의했다. 편지를 받은 기업 300곳 가운데 단 한 곳에서 답이 왔다. 보얀은 여전히 포기하지 않았다. 그는 학업을 중단했고 더는 친구도 만나지 않았다. 그 대신 오션 클린업(The Ocean Cleanup)이라는 단체를 세웠다.

2013년 3월의 어느 날 모든 것이 달라졌다. 보얀은 어떤 강연에서 이 변화를 이렇게 묘사했다.

> "3월 26일도 여느 다른 날처럼 시작되었습니다. 갑자기 전화가 쉬지 않고 울려 댔어요. 오션 클린업 소셜 미디어 계정이 폭발했고, 여러 날 동안 하루도 거르지 않고 1500통이 넘는 이메일을 받았어요."[42]

인터넷을 통해 사람들은 그제야 영상에 주의를 기울였다. 이 영상은 엄청난 기대를 불러일으켰고 언론이 줄을 섰다. 새로 얻은 명성 덕분에 보얀은 충분한 돈을 모았다. 크라우드 펀딩이 진행되었고 정부 지원도 받은 데다 기업과 개인 투자가까지 합류했다. 모인 금액은 최소 3억 유로에 달했다. 그는 새로운 연구를 시작하고 플라스틱 청소기 작업을 계속할 수 있었다. 그가 시작한 단체는 성장을 거듭해 그사이 80여 명의 직원이 일하고 있다. 보얀은 수많은 상을 받았고, 2014년 무렵 유엔의 지구 환경 대상을 수상했다.

보얀은 여러 해 동안 수차례 답사에 나서 바다에서 플라스틱 샘플을 채취

했다. 그중 가장 오래된 것은 1970년대에 만들어진 음료수 박스였다. 보얀은 실험을 진행하고 컴퓨터로 시뮬레이션을 돌리며 실제 플라스틱 청소기보다 작은 모형을 만들었다. 그는 밤낮없이 일했고, 일주일 내내, 특히 스트레스가 많았던 시기에는 하루에 열다섯 시간씩 일하는 경우가 잦았다. 개인 생활을 위한 시간은 없었다. 보얀은 자신의 공학 장치를 계속 발전시켜 나갔지만, 근본적인 원리는 변함이 없었다. 알파벳 U처럼 생긴 굵은 호스 모양의 울타리가 물 위에서 가동한다. 그 안에 플라스틱을 모으고, 모인 플라스틱은 배로 운반해 제거한다.

이 모형에 대해 비판도 있었다. 많은 전문가는 이 구조물이 쓰레기뿐 아니라 동물까지 가둘 것을 우려했다. 그뿐 아니라 모든 것을 청소하는 오션 클린업의 모토를 들은 사람들이 이전처럼 함부로 쓰레기를 버려 환경을 오염시킬 수 있다는 우려도 더해졌다. 더욱이 플라스틱 대부분은 바다 위가 아닌 바다 밑과 해변에서 발견된다는 지적을 피할 수 없었다.

이런 모든 비판은 가끔 보얀을 힘 빠지게 했다. 이미 학창 시절부터 알고 있던, 보얀이 신뢰하는 전문가들이 이런 비판을 했기 때문이다. 그럼에도 보얀은 멈추지 않았다. 플라스틱 청소기가 있다고 사람들이 더 많은 쓰레기를 바다에 버린다는 주장은 당연히 말이 안 되었다. 그리고 해변의 플라스틱을 청소하는 것도 당연히 중요했다. 동물들이 플라스틱 청소기에 갇힐 수 있다는 비판에 대해서도 답이 있었다. 동물들은 플라스틱 청소기 아래로 잠수해 빠져나갈 수 있기 때문이었다.

보얀은 기술에 대한 믿음이 있었다. 사람들이 기술을 올바로 쓰기만 한다면 기술이 사람들을 도우리라고 확신했다. 보얀은 기술을 과신하는 태도에 대해 회의적인 시선을 이해했다. 그렇지만 기술이 지구라는 행성에 손실을 더 많이 가져올 거라는 생각에는 동의하지 않았다. 그는 기술이 어떻게 사용될지, 윤리적으로 활용되는지 아니면 그렇지 못한지에 훨씬 큰 관심을 두고 질문했다.

2018년에 연구는 진전을 보였다. 보얀과 그의 팀은 273개의 축소 모형을 만들어 실험을 진행하고 여섯 개의 모델을 개발한 다음 처음으로 플라스틱 청소기를 바다로 보냈다.

그러나 보얀은 다시 실패의 쓴맛을 보아야 했다. 청소기는 플라스틱을 만족스러울 만큼 빨아들이지 못한 데다, 몇 주일이 지나자 망가져 버렸다. 보완 작업을 통해 새 기구를 바다로 보냈고 마침내 2019년 여름에 성공을 거뒀다. 드디어 플라스틱 청소의 막이 열렸다.

당시 이 발명품이 실제로 유용했는지를 두고 의견이 엇갈렸다. 하지만 보

얀은 다른 이들이 어떻게 보든 자신이 최선으로 여기는 길을 찾았고, 누구보다 먼저 온 힘을 다해 가장 강력한 해결책을 시도했다. 사람들은 보얀의 실험으로부터 새로운 아이디어를 끌어내고 배울 수 있었다. 게다가 보얀은 여전히 바다 플라스틱 제거 해법에 관한 아이디어가 많다. 바다에서 어떻게 플라스틱을 건져 낼지도 중요하지만, 그 많은 쓰레기가 바다로 흘러가지 않도록 손을 쓰는 일도 매우 중요하다. 오션 클린업의 여러 연구에 따르면 플라스틱의 80퍼센트가 수많은 강을 거쳐 바다로 흘러든다. 보얀은 이 점에 착안했다.

오션 클린업은 얼마 전 '인터셉터'라 할 수 있는 것을 선보였다. 이것은 일종의 보트 같은 장치로 대형 쓰레기 처리기이다. 플라스틱이 강물의 흐름을 따라 인터셉터의 입구로 흘러들고, 컨베이어 벨트를 통해 컨테이너로 옮겨지는 방식으로 쓰레기가 모인다. 그는 2025년까지 가장 많은 플라스틱을 바다로 흘려보내는 여러 강에 인터셉터를 설치할 계획이다. 한번은 보얀이 바다에 플라스틱 쓰레기가 사라지는 과정을 퍼즐 맞추기에 비유한 적이 있다. 인터셉터 설치 계획은 커다란 퍼즐 맞추기의 다음 조각이다.

보얀은 목표를 향해 조금씩 나아가고 있다. 언젠가 바다에서 더 이상 플라스틱 청소기가 필요 없어지기를 바라며 말이다.

엘리제 폭스

— 정신 건강을 돌보는 활동가 —

"우리의 일차적인 목표는 열린 토론을 할 수 있는 안전한 공간을 마련하는 것이고
심리 치료 비용을 감당할 수 없는 여자아이들을 모으는 것입니다."[43]

모든 일은 일곱 살, 아니면 여덟 살 무렵에 시작되었다. 엘리제 폭스는 어린 여자아이였다. 엘리제는 가끔 감당할 수 없을 만큼 깊은 슬픔에 빠졌다. 한없이 두려웠다. 마치 어두운 곳에서 두꺼운 이불 속에 몸을 누이고 있는 것 같았다. 엘리제가 어디로 가든 어마어마한 검은 그림자가 어깨를 짓눌러 땅으로 잡아끌었다. 적어도 그렇게 느껴졌다. 엘리제는 이런 일이 왜 일어나는지, 무엇이 잘못된 건지 알 수 없었다. 그저 숨고 싶었다. 엘리제는 고독 속에 완전히 혼자 놓여 있었다.

아홉 살 때 처음으로 진단을 받았다. 이로써 자신이 무엇 때문에 그토록 고통스러운지 하나의 단어를 알게 되었다.
우울증이었다.
우울증이 시작되면 언제나 끔찍한 상태로 빠져들었지만, 병명을 알고 나니 한결 가벼운 마음으로 생활할 수 있었다.

시간이 지나면서 엘리제는 요가, 걷기, 명상, 건강한 식생활 등 자신에게 도움이 되는 것들을 찾아냈다.

그사이 젊은 여성이 된 엘리제는 새로운 주거지를 아름답게 꾸미고, 여행을 많이 하며, 영화 제작자가 되었다. 다른 사람들과 같이 있을 때 가장 잘 지냈다. 그럼에도 늘 우울감에 빠져들었다.

마침내 엘리제는 정면 돌파를 선택했다. 엘리제는 자신이 특별히 잘할 수 있는 일을 했다. 엘리제의 말을 빌리자면, 살면서 최악의 상태를 거치던 해에 짧은 다큐멘터리 영화 '친구들과 나눈 대화(Conversation with friends)'를 찍었다.

영화에는 젊은 여성이 한 명 등장한다. 늘씬하고, 아름답고, 구불거리는 머리카락이 검고 길다. 이 여성이 우울증을 앓고 있다는 사실이 믿기지 않았다. 얼핏 보면 모를 수 있기에 영화 도입부에서 이 여성의 표정이 얼마나 구겨져 있는지 세 배로 확대해 촬영했다. 온전하지 못한, 회복되지 못한 감정을 보여 주는 장면일 것이다. 하늘을 떠다니는 구름을 보며 안심하려 할 때, 바로 병실을 찍은 장면이 나타난다. 붕대로 감싼 팔목과 생채기 난 팔뚝이 보인다.

엘리제는 덤덤한 목소리로 자신이 겪는 우울증을 이야기한다. 더 이상 출구를 찾을 수 없어 얼마나 끝없이 위축되었는지에 대해, 또 삶을 얼마나 그만두려 했는지에 대해 이야기한다.

영화는 엘리제에게 매체가 되어 주었다. 그는 영화로 자신을 표현하고 친구들과 가족들에게 속마음을 털어놓을 수 있었다. 동시에 영화는 세상으로 나아가는 매체도 되어 주었다. '네. 저는 우울증을 앓고 있습니다'라는 발언으로 용감한 발걸음을 내딛었다. 엘리제는 쉽게 상처받을 수 있었고 실제로 쉽게 상처받았다. 그는 아름다움, 강인함, 성공, 이 모든 것이 결정적인 가치인 것처럼 겉모습만 부추기는 세상에서 취약한 존재였다. 망설임이 삶의 일부라는 것, 삶이 힘겨울 수 있다는 것은 이런 세상의 이미지에 들어맞지 않았다.

엘리제는 삶의 진실과 충돌하는 세상을 반복적으로 경험했다. 엘리제는 자신이 충분히 예쁘지 못하고 충분히 똑똑하지 못하다는 느낌, 그냥 충분하지 않다는 느낌에 아주 쉽게 빠져든다는 것을 잘 알았다.

이런 경험은 엘리제 혼자만의 것이 아니었다. '친구들과 나눈 대화'에 쏟아지는 반응들이 이를 증명했다. 엘리제는 전 세계의 청소년에게 수많은 편지와 소식을 받았다. 이들은 자기 의심, 외로움, 심리적 문제 등을 정확히 알고 있었다. 이 짧은 영화 속에서 그들은 자신의 모습을 다시 발견했다.

특히 많은 여자아이들이 같은 문제를 겪고 있었다. 엘리제는 자기가 어렸을 때 이런 문제들에 어떻게 빠져들었는지를, 또 주변 어른 그 누구도 자신을 도울 수 없었음을 기억했다. 그래서 '슬픈 소녀 클럽(Sad girls club)'을 만들었다.

"이 이름을 생각해 낸 건 제가 일곱 살이나 여덟 살 때 바라던 클럽을 만들었기 때문이에요. 우울증이 무엇인지 전혀 몰랐을 때죠. 우울증은 너무 어려운 말이에요. 저는 이 어려운 말 대신 뭔가 다른 것을 원했어요. 아주 어린 여자아이에게 직접 도움을 줄 수 있는 어떤 것을요. 저는 어린 엘리제를 떠올렸고 스스로 물었어요. 그때, 엘리제가 어리고 슬펐을 때 무엇이 필요했는지요."[44]

인터넷에 여자아이들과 젊은 여성들을 위한 안전한 공간이 마련되어야 했다. 당사자들이 빠르고 전문적인 응대와 도움을 주고받는 공간이어야 했다. 물론 심리 치료 비용을 감당할 수 없거나 치료받기까지 너무 오래 기다려야 하는 이들을 위한 공간이다.

"저는 자금을 마련하려 했습니다. 제게 기대고 있던 여자아이 대부분이 겨우 10대 초반이었고 이야기할 수 있는 사람이 정말 아무도 없었기 때문이었죠. 그래서 플랫폼을 하나 만들고 그곳에서 여자아이들이 심리적인 문제와 질병에 관해 배우고 대처하면서 더욱 건강한 삶을 누리기를 바랐어요."[45]

2017년 2월, 엘리제는 온라인으로 슬픈 소녀 클럽을 열었다. 이 단체는 인스타그램을 플랫폼으로 선택했다. '여기 너를 위해(Here For You)'라는 캠페인을 벌이기 위해서다. 이 캠페인 덕분에 공공의 장에서 한 달 동안 정신건강에 대해 활발한 토론이 벌어졌다. 그럼으로써 슬픈 소녀 클럽을 향한 관심도 자연스럽게 커졌다.

이 단체에서 펼치는 활동의 목표는 동기를 부여하고, 자신의 문제를 깨우치고, 서로 도움을 주며, 함께하기다. 이를 올바르게 실천하기 위해 엘리제는 정신 관련 질병과 자기 돌봄, 주의 기울이기 등에 관해 공부했다. 엘리제는 여자아이들에게 힘을 실어 주는 이야기를 썼고 어두운 나날들과 어두운 감정에 맞서는 짧은 글을 썼다. 그는 구체적으로 할 수 있는 것에 대해 조언했고 혼자 있는 이들과 혼자라고 느끼는 이들에게 답했다.

모두가 알아야만 했다. 그들이 절대 혼자가 아니라는 사실을. 실제로 그들은 혼자가 아니었다. 슬픈 소녀 클럽의 인스타그램 팔로워는 벌써 3만 5000명에 이른다.

엘리제는 블로그도 개설했다. 슬픈 소녀 클럽 회원들은 블로그에 빛나는 일상의 순간을 올리고 자신의 경험을 알릴 수 있었다. 한 아이는 여러 주 동안 아침에 일어나는 게 너무 힘들어 학교 상담사에게 도움을 받기까지의 이야기를 들려주었다. 다른 아이는 자신이 작사한 노랫말을 소개하고, 또 다른 아이는 함께 빵을 굽거나 슬픈 소녀 클럽에 관한 짧은 영상을 찍었다. 이러한 모든 활동은 활력으로 가득했고 내일로 향하고 있었으며 무척 유쾌한 경우도 많았다. 여자아이들은 서로 연결되었고 이야기를 주고받았으며 도움

미국 뉴욕에서 태어난 엘리제 폭스가 2016년에 찍은 단편 영화는 큰 반향을 불러왔다. 엘리제 폭스는 영화에서 우울증을 다뤘다. 우울증으로 고생하는 이들이 서로 교류하고 싶은 거대한 욕구를 드러내자 엘리제 폭스는 인터넷 플랫폼 슬픈 소녀 클럽을 만들었다. 엘리제 폭스는 이를 통해 정신적으로 위기에 내몰린 소녀들을 신속하고 융통성 있게 돕고자 한다.

이 되는 중요한 충고를 나눴다.

온라인 만남으로 시작해 점점 더 진실한 우정이 자라났다. 엘리제는 이런 만남을 의도적으로 확장해 나갔고, 오프라인에서 동행 코스나 만남의 기회를 마련했다. 포에트리 슬램(시를 공연으로 보여 주는 형식. 시 쓰기와 공연, 경연, 청중의 참여라는 요소를 결합했다 : 옮긴이)과 같은 시 경연 대회나 예술 경연 대회가 미국과 전 세계에서 이어졌다.

엘리제는 친근감을 형성하는 것을 중요시하기 때문에 자신에 관해 많이 이야기한다. 사진을 게시하고 사생활을 내보이며 자신의 치부도 드러낸다.

자신의 솔직함을 다른 여자아이들에게도 전염시키려 한다. 그렇게 해서 여자아이들이 자신처럼 스스로를 드러내게 하려는 것이다. 엘리제는 확신했다. 우울증이나 다른 심리적 질병과 벌이는 싸움에서, 정말 중요한 것은 자신과 타인에게 진실하며 절대 부끄러워하지 않는 것이라고 말이다. 절대 두려워하면 안 된다.

문제를 일찍 깨우칠수록 도움을 받을 수 있는 확률이 더 높아진다. 또한 사회에서 심리적인 문제들을 부정적으로 낙인찍는 것도 멈추어야 한다.

엘리제는 미디어에 영향력이 큰 패션 브랜드 팀버랜드나 화장품 브랜드 올레이처럼 유명한 파트너를 통해 더 많은 대중과 연결되었다. 엘리제는 인터뷰를 하고 잠재적인 후원자들을 확보했다. 스포츠용품 브랜드 나이키와 협업하여 뉴욕에 걷기 그룹을 만들었다. 또 크라우드 펀딩으로 강연과 워크숍을 진행할 기금을 모았다. 개인의 사회 참여 차원에서 시작된 일이 이제는 그에게 정치적인 관심과 연결된 직업을 마련해 주었다.

자원봉사자의 적극적인 지원이 없었다면 엘리제는 활동하며 맞닥뜨린 문제들을 극복하지 못했을 것이다. 자원봉사자들은 컴퓨터를 이용해 만남을 갖도록 도왔다. 특히 마땅히 모일 곳이 없는 작은 지역까지 고려했다. "대체 슬픈 소녀 클럽은 언제 우리 도시로 와요?" 같은 질문을 가장 자주 받기 때문이다.

오늘날 이 온라인 커뮤니티는 인스타그램에 27만 명이 넘는 팔로워를 두고 있다.

이제 엘리제 폭스는 어머니가 되었다. 팟캐스트도 열고 자신이 만든 영화 '친구들과 나눈 대화'의 속편도 계획 중이다. 또한 '슬픈 소년 클럽(Sad Boys Club)'도 만들 것이다.

이로써 조금이라도 불행을 덜어 낸 세상에서 정신적인 어려움을 겪고 있는 청소년들이 조금이라도 덜 외로울 것이다.

네띠윗 촛띠팟파이살
─────── 민주주의 운동가, 출판인 ───────

"태국에서는 군사적인 가치들이 학교를 휩쓸고 있습니다.
학교는 학생들이 비판적으로 생각하도록 격려하는 대신
착하고 고분고분해지도록 교육하고 있습니다."[46]

네띠윗 촛띠팟파이살의 삶은 평범하게 흘러갈 수도 있었다. 물론 시작은
무척 평범했다. 그래서 그는 몇 해가 지난 오슬로의 평화 포럼에서 이렇게
말했다.

"제 삶은 평범한 태국 학생들의 생활과 거의 다르지 않았습니다. 저는
태국의 중하위층 가정에서 컸습니다. 저는 평균적인 학생이었습니다. 정
치에는 관심이 없었고, 정해진 스포츠머리에 엄격한 교복 규정을 따랐습
니다."[47]

아마도 네띠윗 촛띠팟파이살은 태국의 수도인 방콕 변두리에서 작은 가게
를 하던 부모와 별반 다르지 않게, 아주 평범하게 살았을 것이다. 그러나 현
실은 그렇지 않았다.
오슬로의 연설에서 그는 이렇게 기억을 되짚었다.

어느 날 네띠윗은 학교 신문에 기사를 썼고, 교사가 학생들의 머리 모양을 결정하는 것이 필수적이며 의미 있는 것인지를 질문했다. 태국 학교에서는 교복 규정은 물론 두발 규정이 매우 엄격하게 유지되고 있었기 때문이다. 네띠윗은 이러한 학교 규정을 주제로 글을 써서 믿고 있던 교사에게 자신이 쓴 글을 읽고 고칠 점을 말해 달라고 부탁했다.

몇 시간 뒤 그는 교내 방송을 통해 행정실로 오라는 지시를 받았다. 그는 다섯 시간이나 행정실에 있어야 했다. 교사가 학생의 머리 모양을 규정하는 것에 질문을 던졌다는 이유만으로 네띠윗은 교사들의 눈에 학교의 안전을 위협하는 학생이 되어 버렸다.

네띠윗은 이런 처벌을 칭찬으로 받아들였다. 어쩌면 이런 경험이야말로 정치에 부쩍 관심을 갖는 계기가 되었을지도 모른다. 네띠윗은 학교생활에 대해 비판적으로 질문하기 시작했다.

교사들 앞에서는 순종할 수밖에 없었고 저항은 금지되었다며, 네띠윗은 《뉴욕 타임스》에 선생들을 "독재자"⁴⁸로까지 묘사했다. 네띠윗에 따르면 학생들은 수업에서 무척 많은 걸 암기해야 했다. 학교는 기계적인 시스템으로 똑같은 사람을 찍어 내는 공장에 가까웠다.

이러한 교육 환경에서 진정으로 의미 있는 교육이 이뤄질 수 있을까? 아니었다. 네띠윗은 그렇지 않다고 생각했고 이에 맞서 싸우기로 마음먹었다. 학교는 학생들이 스스로 생각할 수 있게 자극하고 젊은이들이 사회에 영향을 미치도록 도움을 주어야 했다.

그래야만 했다!

네띠윗은 2012년에 개혁을 요구하는 첫 번째 단체를 만들었다. 학교는 권위를 내려놓고 더 많은 자유를 보장해야 했다. 그 밖에도 전반적으로 공립 학교 진학이 쉬워져야 했다.

이듬해에는 교육 개혁에 온 힘을 쏟기 위해 또 다른 독립된 학생 조직을 만들었다.

그사이 2014년 태국에는 심각한 변화가 찾아왔다. 군대가 국가 권력을 손에 넣었다. 이제 태국 의회는 국민들이 뽑은 국회의원이 아닌 군대가 추대하고 태국 왕이 임명한 사람들로 구성되었다.

네띠윗이 교육 체제를 향해 이미 요구했던 것, 즉 비판하고 생각한 대로 말할 자유가 학교 밖에서도 더욱 억눌렸다. 예를 들어 표현의 자유나 집회·결사의 자유 같은 것들이다.

네띠윗은 이미 오래전부터 '평균적인' 학생은 아니었다. 그는 권력자들에게 불편한 존재로 남아 있었다. 군사 정권이 권력을 잡은 지 일 년이 지난 다음 그는 민주주의의 종말을 애도하는 시위에서 체포되었다. 그밖에도 젊은 남자들이 일정 기간 군대에 가야 하는 군 복무 의무에 반대해 공개적으로 발언했다.

네띠윗은 학교에서 추구했던 것들을 청년이 되어 사회에서 펼쳐 갔다. 잘못된 일에 질문하고 맞서며 자신을 지키는 모범을 보이는 것이다.

2016년에 네띠윗은 정치학을 전공하기 시작했다. 그리고 또다시 전통을 깼다.

대학생들은 오래전 사망한 태국의 존경받던 두 왕에게 일 년에 한 번 경의를 표해야 했다. 대학생들은 존경의 표시로 왕의 동상 앞에서 땅바닥에 무릎을 꿇고 절을 해야 하는데, 네띠윗은 이런 예식에 참여하고 싶지 않았다. 한 왕이 이런 절을 모욕적으로 여겨 거부했다고 쓰인 글을 읽은 적이 있었기 때문이다. 네띠윗은 예식이 거행되는 동안 친구와 같이 동상을 향해 잠깐 고개 숙여 인사하고 식장을 떠났다. 그의 행동은 이목을 끌었고 많은 신문이 이를 보도했다. 몇 달 뒤 발행된 기사에서 네띠윗은 국왕조차도 이런 전통을 거부했다며 자신이 왜 이런 결정을 내렸는지 설명했다.

"관례라는 이유만으로 예식을 아무 생각 없이 계속 따라 하는 것은 합리적이지 않죠."[49]

대학 2학년인 2017년, 네띠윗은 학생 대의원회 의장으로 선발되었다. 이렇게 어린 학생이 선출된 건 처음이었다. 그는 분명한 계획이 있었다. 그는 선임자들과는 다른 역할을 해내려 했고, 정치적인 참여를 통해 희망을 만들어 낼 수 있음을 보여 주려 했다.

"저는 민주주의와 자유로운 사회의 가치를 높게 평가하고 공개적으로 지지합니다. 아무리 맹목적으로 다른 사람을 따르고 복종하며 그것만이 올바른 일이라고 믿는 시대라도 저는 도덕적으로 용기를 낼 겁니다."[50]

네띠윗은 학생 대의원회 의장 자리를 오래 유지하지 못했다. 다른 몇몇 학생들과 왕을 추모하는 연례행사에 계속 저항했기 때문이다.

네띠윗이 물러나자 많은 비판이 일었다. 노벨상 수상자들, 활동가들, 지성인(매우 아는 것이 많고 교양 있는 사람들을 일컫는다. 이 명칭은 '이해하기'나 '인식 능력'을 뜻하는 '인텔렉투스(intelléctus)'라는 라틴어에서 나왔다. 지성인은 문학, 예술, 철학과 같은 인문학에 수시로 열중한다. 이들은 사회적인 논쟁에 대해 숙고하고 논쟁에 뛰어들곤 한다)들은 네띠윗을 대변하기 위해 목소리를 냈지만 성과는 없었다.

네띠윗은 무릎 꿇지 않았다. 오히려 사회에 적극적으로 참여해 활동할 수 있는 다양한 가능성을 찾아 나섰다. 그는 얼마 전 친구와 함께 출판사를 차렸고 일에 몰두했다. 그리고 다음 글귀를 출판사 홈페이지에 적었다.

"민주주의의 씨앗을 심고 가꾸는 일은 필연적으로 길고도 수고로운 사명입니다."[51]

이미 씨를 뿌리고 가꾸기 시작한 네띠윗은 흔들림 없이 출판 활동과 새 프로젝트들을 밀고 나간다. 출판사는 대학생들에게 생각과 아이디어를 표현할 기회를 주어 의사 표현의 자유와 비판적 사고를 북돋는 데 기여한다. 그 밖에도 출판사는 공적 영역의 토론과 반성을 이끌고 개인의 의견 사이에 다리

네띠윗 촛띠팟파이살은 1996년 10월에 태어났다. 그는 태국 학교가 복종하는 법과 암기하는 법을 가르치지만, 자유롭게 사고하는 법은 가르치지 않는다고 보았다. 이런 교육은 반드시 바뀌어야 한다고 믿은 그는 2012년 민주 사회를 위한 교육 개혁에 투신하기로 결정했다. 그로부터 그는 쉬지 않고 민주주의를 위해 투쟁하고 있고 권력자들에게 눈엣가시가 되고 있다.

를 놓는다. 이는 민주주의 사회를 이루기 위해 무엇인가 함께 실천하는 일이다. 이런 논의를 위해 대학생뿐 아니라 교수들도 함께 글을 쓰고 외국 서적을 번역하며 원고를 교정한다.

　네띠윗은 출판사에서 자신이 쓴 책을 출간하고 유명 저자들의 글을 태국어로 옮긴다. 독재, 자유, 공산주의, 자유주의는 물론 태국의 교육 체제에 관한 책들을 펴낸다. 네띠윗은 그의 책에서 자신의 경험을 소개한다. 다른 의견을 지니고 말한다는 이유만으로 불평꾼으로 낙인찍히는 것이 어떤 것인지에 대해 쓴 책이다. 이 책은 반어적이지만 꼭 맞는 제목을 달고 있다.

　《탁월한 교육 체계 안의 끔찍한 학생》

자유롭게 생각하는
태국 학교를 위하여!

미카일라 울머

———— 환경 운동가, 기업가 ————

"저는 언제나 이렇게 말합니다. 어린이처럼 꿈꾸는 것이 중요하다고요.
어린이야말로 자신이 재밌어하는 것을 발견하고 새로운 것을 시도해 보며
위험을 무릅쓰기에 완벽한 나이라는 것도요."[52]

한 편의 옛이야기처럼 들린다. '옛날 옛적에'로 시작하는 꿀벌에 관한 동화 말이다. 옛날에 어느 작은 소녀가 살았다. 이름은 미카일라 울머였다. 아이는 네 살 때 처음으로 벌에 쏘였고 며칠이 지나 다시 벌에 쏘였다. 아프기도 하고, 붕붕거리며 날아다니는 것들이 정말 무서웠다. 그렇다고 이런 일로 용기를 잃는 아이는 아니었다. 부모도 미카일라를 다독여 주었고, 벌을 만나면 소리를 지르며 도망가라고 일러 주었다. 미카일라는 일벌과 수벌, 여왕벌에 대해 알수록 점점 더 벌에 빠져들었다. 특히 미카일라는 벌집에서 이뤄지는 공동생활과 일벌에게 깊은 인상을 받았다. 일벌은 지치지 않고 꿀을 모으고 위험을 느낄 때만 침을 쏘며, 그 대가로 목숨을 잃고 만다는 것을 알게 되었다. 또 기후 변화가 꿀벌을 심각한 위험으로 내몰아 벌이 멸종 위기에 처했다는 것도 알게 되었다. 벌이 사라지면 들꽃이 만발한 풀밭도, 과일도, 꿀도 없어질 것이 분명했다. 미카일라는 무엇인가 해보기로 마음먹었다.

또 한 편의 옛이야기가 있다. 옛날 옛적에 요리와 빵 굽기를 사랑하는 어느 여자가 살았다. 이 여자는 가족을 사랑했기에 그들을 위해 자신의 요리법을 모두 적어 놓았다. 이 여자가 바로 미카일라의 증조할머니였다. 미카일라가 벌에 쏘였을 때 마침 미카일라 가족은 증조할머니의 요리책을 물려받았다. 요리책에는 1940년에 적어 둔 레모네이드 만드는 법도 있었다. 이 레모네이드를 만들려면 꿀이 필요했다. 문득 1 더하기 1은 2라는 셈이 떠올랐다. 꿀과 레몬을 섞으면 레모네이드가 되는 것이다. 갑자기 모든 것에 의미가 생겨났다. 미카일라는 할머니의 레시피대로 레모네이드를 만들고 집 앞에 판매대를 놓아 레모네이드를 팔기 시작했다. 저녁에는 그날의 판매액을 들고 기분 좋게 집으로 들어왔다. 그사이 미카일라는 그 무엇도 꿀벌을 대신할 수 없음을 알게 되었고 수입 일부를 벌 보호 단체에 기부했다.

이러한 기부만으로는 충분하지 않았다. 미카일라는 직접 만든 레모네이드에 관한 생각을 계속 다듬어 갔다. 오며 가며 필요한 모든 것을 꼼꼼히 생각했다. 이름과 로고뿐 아니라 다양한 맛을 갖춘 상품도 필요했다. 스스로 질문도 던졌다.

'어디에서 어떻게 레모네이드를 대량 생산할까? 어떻게 상품을 가게로, 사람들에게로 가져 갈까?'

경영학을 전공한 부모가 미카일라를 도왔다. 부모는 미카일라에게 고향인 텍사스주 오스틴에서 열리는 어린이 사업가 대회에 참가해 보라고 권했다. 미카일라는 꿀처럼 광택이 나는 노란색 판매대를 세웠는데, 눈에 잘 띄었다. 미 앤 더 비즈 레모네이드(Me & The Bees Lemonade)는 날개 돋친 듯이 팔려 나갔다. 맛도 좋았고 한 병씩 살 때마다 인간과 벌 모두에게 좋은 일을 하기 때문이었다. 미카일라는 이런 상황을 주의 깊게 살펴보다가 꿀도 팔았다. 미카일라는 그 지역에서 벌을 기르는 이웃에게 꿀을 구해 레모네이드에 넣었다. 이런 방식으로 미카일라는 벌이라는 생물 종이 살아남도록 작게나마 기여했다. 그때부터 미카일라는 수익의 10퍼센트를 벌 보호 단체에 기부했다.

마치 옛이야기처럼 들린다. 하지만 이 이야기의 중심에는 굉장한 에너지와 부지런함을 지닌 여자아이가 있다.

미카일라는 자기 안에 숨은 열정을 발견했다. 미카일라는 타고난 사업가임이 틀림없었다. 제품을 만들고 그 품질에 자부심을 느끼며 즐거워했다. 그리고 자신의 제품으로 다른 사람을 설득하고 싶었다. 곧 미카일라는 피자 가게 한 곳에 레모네이드를 납품하고 점점 더 많은 고객을 확보했다. 여덟 살에는 학교 상급생들에게 '나는 어떻게 회사를 세웠는가'를 주제로 워크숍을 열었다. 그때 무척이나 긴장됐다고 말했다. 미카일라는 나이가 중요하지 않다는 걸 경험으로부터 알고 있었다.

"네가 몇 살인지는 상관없어. 넌 언제든 뭐든지 배울 수 있어. 그리고 언제든 뭐든지 남에게 가르쳐 줄 수 있어."[53]

2015년에 미카일라는 아홉 살이 되었고, 레모네이드 사업은 놀랍게 성장했다. 미 앤 더 비즈 레모네이드가 미국의 선도적인 자연식품 체인점 홀 푸드 마켓으로부터 납품 제안을 받았다. 미카일라의 레모네이드는 전국 500여 개의 상점으로 팔려 나갔다. 곧 텔레비전 쇼 '샤크 탱크'의 초대가 잇따랐다. 이 쇼에서는 기업가들이 잠재적인 투자자들에게 자신을 소개할 수 있었다. 미카일라는 또 한 번 설득력 있게 자신을 전달했고, 미국의 기업가 존 데이먼드는 6만 달러를 투자했다. 미카일라의 기업이 벌집처럼 윙윙 소리를 내며 날아오르기 시작했다.

어떻게 미카일라는 성공적인 기업가인 동시에 평범한 어린이로 잘 지낼 수 있었을까? 현실은 옛이야기 같지 않았다. 미카일라는 때때로 학교를 너무 자주 빠졌다. 미 앤 더 비즈 레모네이드 일로 인터뷰를 하거나 워크숍을 진행했고, 텔레비전에 나오거나 새 투자자를 찾아 나섰기 때문이다. 그렇게 일한 다음에는 회사 일을 뒤로 미루어야 했다. 중요한 학교 과제가 있었기 때문이다. 학교생활과 회사 일을 병행하는 건 그리 간단한 일이 아니었다.

그렇게 숨 가쁘게 생활하는 동안 믿을 수 없는 성공이 이어졌다. 전미 미식축구 연맹 선수들로부터 80만 달러라는 엄청난 투자를 받은 것이다. 또한 백화점 체인점 매시스(Macy's) 같은 유명 사업 파트너가 생겼다. 마침내 미카일라의 레모네이드가 매시스 지점들의 판매대에 들어섰다. 더 이상 말할 필요가 없는 숫자였다. 오늘날까지 미 앤 더 비즈 레모네이드는 전국 1000개 판매점에서 100만 차례 넘게 판매되었다.

그 무렵 미카일라는 절대 잊지 못할 경험을 했다. 2016년 6월 14일은 미카일라에게 가장 아름답고도 뜻깊은 날이었다. 백악관에서 열린 첫 번째 미국 여성 정상 회담을 맞아 미카일라에게 과제가 주어졌다. 그 당시 대통령이었 던 버락 오바마에게 인사하는 것이었다. 이 과제는 미카일라에게 기사 서임 식과도 같았다. 미카일라는 헬로 키티처럼 레모네이드로 전 세계의 사랑을 받고 싶었는데, 이제 여왕벌처럼 제일 높은 곳에서 왕관을 쓰게 되었다.

"너무 흥분됐어요." 하고 미카일라는 기억을 떠올렸다.

"그렇지만 집중했어요. 버락 오바마가 무대 뒤로 와서 '넌 해낼 수 있어' 라고 말했죠. 무대로 나갔는데 '맙소사!'라는 말이 나올 만큼 대단했어요. 정말 굉장했지요! 임무를 마치고 무대에서 내려와 울었어요. 저는 이런 기회는 꽉 붙잡아야 한다고 마음먹었어요. 아무리 두렵더라도요."[54]

그렇게 두려워서였을까? 미카일라는 자신의 삶에서 또다시 두려움으로부 터 위대한 것을 이뤄 냈다. 버락 오바마와의 만남으로 미카일라는 또 한 번 날개를 달고 날아올랐다. 미카일라는 밀랍으로 립밤을 개발했고, 이 립밤은 가장 잘 팔리는 품목이 되었다.

2017년 미카일라는 공익을 목적으로 건강한 벌집 재단(Healthy Hive Foundation)을 세웠다. 최근에는 다른 사람들과 함께 젊은 사업가를 위한 책을 쓰고 있다.

미카일라 울머는 네 살 때 할머니 레시피대로 직접 레모네이드를 만들어 판매했다. 그사이 미 앤 더 비 즈 레모네이드는 성공적인 기업이 되었다. 미카일라는 꿀벌 구조에 기여하는 것을 소명으로 삼고, 이윤 의 10퍼센트는 벌 보호 단체에 기부하고 있다.

미카일라는 처음 레모네이드를 판매하기 시작했을 때와 마찬가지로 여전히 1에 1을 더해 2를 이뤄 내고 있다. 벌을 구조하겠다는 생각에 사업가 기질이 더해져 미카일라는 지금의 모습으로, 여왕벌로 변모했다. 그는 열다섯 살에 자기 기업을 이끄는 경영자가 되었다. 회사는 이미 오래전부터 가족 기업으로 운영되고 있다. 벌집의 벌들처럼 온 가족이 함께 힘을 모은다. 미카일라는 벌을 구조하는 일을 중요한 사명으로 삼았다. 끝없이 날갯짓하는 벌은 미카엘라의 역할 모델이기도 하다.

벌을 구해 내라!

리걸리 블랙

— 유색인의 더 나은 시각적 연출을 도모하는 활동가 —

"영국에서 자란 흑인들은 영국 사회에 소속되지 못했다고 느낍니다.
인종적 뿌리를 끝도 없이 떠올리죠.
이런 느낌은 흑인들이 절대 아름답게 연출되지 않기 때문이겠죠.
사람들이 고정 관념을 갖고 흑인들을 은연중에 공격적으로 대하기 때문이고요. "55

해리 포터는 어떻게 생겼나? 사람들 모두 안경을 썼고 이마에 번개 모양 흉터가 있는, 머리가 부스스한 해리 포터를 떠올린다. 론과 헤르미온느에 대해서도 사람들은 머릿속에 특정한 이미지를 갖고 있다. 빨간 머리에다 주근깨투성이인 론과 갈색 머리의 헤르미온느가 떠오른다.

그렇다면 피부색은 어떠한가? 왜 해리 포터가 흑인이면 안 되었을까? 헤르미온느가 흑인이었다면 어땠을까?

여러 해 전에 '해리 포터'가 극장에서 상영되었을 때, 세 명의 청소년 주인공 역할은 하나 같이 백인들에게 돌아갔다. 불공평하지 않은가? 하지만 아무도 놀라지 않았다. 이런 사실에 놀라거나 실망했을지도 모르는 사람들의 목소리는 어쨌거나 묻혀 버렸다. 하지만 화를 내든 내지 않든, 자신의 성난 목소리를 듣고 못 듣고는 차이가 크다.

네 명의 10대 청소년, 리브 프랜시스-코니버트, 쉬든 테클, 코피 아산트,

벨 메이터스는 미디어에서, 특히 영화와 시리즈물에서 흑인이 부당하게 연출되는 것에 분노했다. '해리 포터' 영화는 한 가지 예일 뿐이다.

'007'의 비밀 첩보원 제임스 본드도 언제나 백인이었다. 이 영화는 여러 해에 걸쳐 주인공을 바꿔 가며 많은 다른 액션 영화들을 선보였다. 물론 흑인을 비롯한 유색인도 언제나 조연으로 등장했고 그때마다 빈번히 선입견을 만들거나 강화했다.

영국은 다문화 사회이고, 이 속에 사는 사람들은 여러 나라에서 왔다. 다양한 종교와 문화적 배경을 갖고 있으며 피부색 또한 다양하다.

그러나 영국 영화와 시리즈물에서 이러한 다양성은 거의 드러나지 않는다. 영국 영화 연구소는 2006년에서 2016년 사이에 만들어진 작품을 모두 살폈는데, 흑인 연기자가 중요한 역할을 맡지 못한 작품이 절반도 넘는다는 사실을 밝혀 냈다. 최근 들어 주인공 역할을 한 흑인 비율은 0.5퍼센트에 불과했다. 다시 말하면 영국 영화에서 흑인 주인공은 잘 등장하지 않는다. 흑인이 비중 있게 등장한다면 그 영화는 범죄물이거나 노예 문제를 다루고 있다.

이와 같은 수치는 현실을 분명히 드러낸다. 개인적인 경험을 돌아봐도 그러하다. 사람들은 흑인 청소년이 자기 앞을 지나가면 곧장 다르게 행동하곤 한다. 경찰은 분명 백인보다 흑인을 더 많이 검문한다. 영화와 텔레비전에서 늘 똑같은 방식으로 의도적으로 연출된 전형적인 이미지들이 현실에 공공연하게 영향을 미친다.

리걸리 블랙의 쉬든은 이러한 현상을 영국 신문 《가디언》에서 이렇게 설명했다.

"미디어에서 흑인들은 결코 긍정적으로 연출되지 않습니다. 대규모 영화 산업에서 흑인은 주로 범죄자나 마약 사범이죠. 이러한 연출 방식 때문에 사람들은 흑인들이 모두 그렇다고 받아들입니다."[56]

이런 경험들로 당사자들은 고통받고 상처를 입는다. 자신이 집단에 소속되지 못했다거나 환영받지 못한다고 자주 느낀다. 어디서도 긍정적으로 비춰지지 못한 사람은 보호 공간이 필요하다. 온전히 이해받고 있는 그대로 자신을 드러낼 수 있어야 한다. 책이나 만화나 영화, 텔레비전 드라마 시리즈 등도 이러한 보호 공간이 되어 줄 수 있다.

리브, 쉬든, 코피, 벨은 2017년에 한 가지 계획을 세웠다. 미디어에 흑인들이 연출되는 방식에 맞서는 한편, 자신들이 몰두해 있는 주제를 공공의 장에서 토론하는 것이었다. 그렇게 시민운동 단체 리걸리 블랙을 세웠다.

리걸리 블랙의 첫 번째 프로젝트는 유명 영화와 텔레비전 시리즈의 포스터를 조금 바꿔 새롭게 만들어 내는 것이었다. 즉 '해리 포터와 죽음의 성물' 포스터에서 해리 포터, 론, 헤르미온느를 10대의 흑인 남자아이와 흑인 여자아이로 바꾸었다. 또한 흑인들이 제임스 본드나 브리짓 존스의 역할도 맡았다. 그리고 영화 '타이타닉'의 포스터에 흑인 주인공을 등장시켰다. 이러한 활동으로 리걸리 블랙은 뚜렷한 메시지를 전했다. 강요되고 고정된 사회적 이미지에 이미지로 맞선 것이다.

"놀라셨다면 그건 당신이 흑인 주인공을 별로 보지 못했기 때문입니다."[57]

리걸리 블랙이 만든 포스터마다 이 글이 적혔다.

모두 함께했다. 쉬든의 아버지가 제임스 본드 역을 맡았다. 부모와 형제자매, 친구들 그리고 말할 것도 없이 리걸리 블랙의 구성원들이 함께했다. 원래 포스터를 지역 노선버스에 걸려고 했다. 그렇지만 이 청소년들은 문의에 답변을 듣지 못했다. 대신 한 예술가 그룹이 이들의 사진을 보았고 그 사진에 크게 매료되어 리걸리 블랙의 활동을 도왔다.

2018년 초 어느 날 밤, 이들은 포스터 여러 장을 런던의 브릭스톤이라는 지역에 걸었다. 계획이 실행되었다. 비록 포스터가 빠르게 제거되긴 했지만, 이들의 행동은 커다란 주목을 받았다. 소셜 미디어를 통해 사진과 포스터가 퍼져 나갔고 많은 이가 환호했다. 심각한 문제를 풍자적으로 짚어 냈기 때문이었다.

수많은 이들의 웃음을 자아낸 리걸리 블랙의 행동을 모두가 이해한 것은 아니었다. 백인 배우를 모두 흑인으로 바꾼 것 또한 불공평하다는 주장도 나왔다.

리걸리 블랙은 이러한 지적을 신경 쓰지 않았다. 이들은 자신들의 일상과 그 안에서 느끼는 감정이 영화에 제대로 드러나지 않는 것을 비판하려 한 것이다. 자기와 동일시할 수 있는 인물을 원했고, 자기와 관련된 이야기를 원했다. 수없이 재생산되는 상투적인 인물과 고정 관념은 차고 넘쳤다.

이들은 흑인 배우뿐 아니라 더 많은 흑인 작가와 흑인 감독, 흑인 프로듀서와 흑인 카메라맨 등을 원했다. 영화 산업과 텔레비전 산업의 모든 분야가 더 다양해져야 했다. 그래서 이들은 자신들의 관심을 담는 플랫폼을 마련한 것이다.

이들의 포스터가 커다란 파장을 일으키자 갑자기 전 세계의 언론에서 런던 출신 10대 네 명을 보도하기 시작했다. 이들은 신문사나 방송국과 수차례 인터뷰를 하고 직접 기사를 썼다. 그들은 전 세계로 메시지를 전할 수 있었다.

이 활동가들이 언론에서 자신들을 다루는 방식에 항상 만족했던 것은 아니었다. 리브는 영국의 유력 일간지 《가디언》에서 이렇게 말했다. 자신들이 사회를 무너뜨리려고 잠깐 궁리하고 끝날 집단처럼 자주 묘사되곤 했다고 말이다. 이러한 보도로 대중의 흥미를 끌었지만, 결국 자신들의 사회 참여를 상업적으로 이용한다는 인상을 받았다는 것이다.

언론에서 자신들을 생각이 짧은 아이들로 다루는 것에 대한 비판은 미뤄

됐다. 어리다는 이유로 이들의 말이 잘 받아들여지기도 했기 때문이다.

리브가 말했다.

"저는 나이 덕분에 더욱 주목받았습니다. 나이 어린 많은 사람은 억압과 차별을 너무 잘 이해하지요. 모두가 같은 경험을 하지는 않았어도, 무언가 잘못되었다는 것을 압니다."[58]

리걸리 블랙의 창시자들에게는 바로 이 점이 중요하다.

"아직 사람들의 머릿속에는 흑인이나 유색인이 폭력을 행사한다는 이미지가 자리 잡고 있습니다. 하지만 사람들은 인종 차별이 만들어지는 방식에 대해서, 어떻게 제도가 인종 차별을 유도하는지에 대해서 말하지 않습니다. 이러한 제도 속에서 당사자들은 사회에 대한 소외감을 끊임없이 느낍니다. 이 모든 것이 사람들의 삶으로 어떻게 흘러들었는지에 대한 분석은 빠져 있지요."[59]

네 명의 청소년은 더 이상 현실을 받아들이지 않기로 했다. 그들은 이 문제에 대해 토론이 이루어지기를 바랐고 직접 발언하려 했다.

흑인과 유색인은 영국 영화와 텔레비전 시리즈물에서 중요한 역할은 맡지 못하고 범죄자나 노예처럼 고정 관념이 반영된 역만 맡는다. 어떻게 이럴 수 있나? 10대 청소년 리브 프랜시스-코니버트, 쉬든 테클, 코피 아산트, 벨 메이터스는 이러한 현실에 분노했고 리걸리 블랙이라는 시민운동 단체를 만들었다. 부당한 상황을 창의적인 방식으로 알려 주기 위해서다.

이들은 자기가 느끼는 분노에 스스로 숨통을 틔워 놓았다. 그렇게 사람들이 자신의 이야기를 듣고 볼 수 있도록 활동했다. 영화 포스터를 다시 찍은 것도 그러한 예가 된다. 기존과 다른 이미지를 통해 다른 생각과 행동을 이끌어 내기 위해서다.

개빈 그림
— 트랜스젠더 활동가 —

"이 일이 제 생각보다 훨씬 더 큰 일이라는 사실이 분명해졌어요.
저의 궁극적인 목표는 제 뒤를 잇는 사람들을 위해
여러 가지 제약을 개선하는 데 있습니다."[60]

태어나자마자 아기가 처음 받는 질문은 성별에 관한 것이다. 마치 사람에게 성별이, 더 정확히 말해 생물학적 성별이 가장 중요한 것처럼 '딸이야, 아들이야?' 하는 질문을 받는다.

오늘날 우리는 남자와 여자라는 신체의 외적 성별 특징에 따른 두 가지 성별보다 훨씬 많은 성별이 있음을 알고 있다. 현재 페이스북은 이용자가 성별을 설정할 때 60가지의 선택지를 제공하고 있다. 성별은 선택의 문제다. 적어도 이 책에서 우리는 성별의 다양성을 정당한 것으로 본다.

성별에 대한 논의가 활발해졌을 때 사람들은 개빈 그림이 학창 시절에 대면해야 했던 문제들 가운데 일부를 알게 되었다. 물론 이러한 문제들은 훨씬 극적인 맥락을 지니고 있다. 주로 개빈의 자유로운 선택을 제한한 것이었는데, 구체적으로 말하자면 학교 화장실 사용이 문제였다. 개빈은 남자 화장실과 여자 화장실 사이에서 결정을 내려야 했다. 사실 그는 이미 결정을 내려 둔 상태였다. 그는 남자 화장실을 이용하려 했다. 여자아이로 세상에 태

어났지만, 자신을 남자라고 느꼈기 때문이었다. 그는 여자가 아니었다.

개빈은 트랜스젠더다. 여기서 트랜스(trans)는 라틴어로 '이곳에서 벗어난', '그밖에', '저편에'라는 뜻이다. 젠더(gender)는 사회적이고 문화적으로 주어진 성별을 가리킨다. 생물학적 성별인 섹스(sex)와 차이가 있다. 트랜스젠더는 성별 경계를 넘나든다. 이들은 성별을 고른 것도, 마음대로 결정한 것도 아니다. 생물학적 성별과 타고난 성별이 일치하지 않는다고 느끼는 것은 여자로 태어나면 좋았겠다거나, 남자로 태어나면 좋았겠다는 막연한 희망 사항과는 아무 연관도 없다. 기분 문제는 더더욱 아니다. 트랜스젠더들은 생물학적 성별을 '그냥' 바꾸고 싶어 하는 사람들로 오해받는다. 이들은 남자 몸을 입은 여자아이로, 여자 몸을 입은 남자아이로 태어났을 뿐이다. 이들은 대부분 어렸을 때부터 뭔가 잘못되었다고 느낀다고 한다. 어떤 트랜스젠더들은 사춘기에 접어들어서야 자신의 혼란을 알아챈다. 언제 느꼈든지 이들이 느끼는 감정은 엇비슷하다. 많은 이들이 자기가 겪는 혼란에 대해 이렇게 말한다. 잘못된 몸을 가진 것 같다고. 어디에도 제대로 속하지 못한 채 뭔가 잘못됐다는 느낌에 늘 사로잡혀 있다고. 이런 느낌 때문에 깊은 불안감에 사로잡히고 우울증에 빠지기도 한다.

개빈도 그랬다. 여러 해 동안 그는 여자아이 모습을 하고 여자아이로 학교에 다녔다. 그러다 9학년이 끝나갈 무렵 이만하면 충분하다고 생각했다. 그는 그때부터 남자아이로 살겠다고 결심하고 심리학자를 찾아갔다. 심리학자는 고통에 빠져 괴로워하는 개빈에게 가능한 한 빨리 성전환을 시작하라고 말해 주었다. 그는 개빈에게 호르몬을 처방했다. 개빈은 머리를 짧게 자르고 줄무늬 셔츠와 청바지를 입었다. 이제 사람들 모두 개빈이 자신에 대해 어떻게 느끼는지 알아챘다. 그는 여자아이가 아닌 남자아이였다.

개빈의 부모는 처음부터 개빈과 이러한 과도기를 함께했다. 부모는 학교 운영진에게 자식이 트랜스젠더임을 알렸다. 개빈의 친구들도 안 될 게 뭐냐며 개빈 편에 서 주었다. 마침내 아이들은 개빈을 바로 알게 되었다. 개빈은 같은 반 아이들 가운데 몇몇만 등을 돌리거나 멍청한 소문을 퍼뜨렸다고 기억한다. 자신이 다닌 버지니아주 글로스터 고등학교도 그를 지지해 주었고 남자 화장실을 사용하도록 허락했다.

두 달 가까이 별일 없이 지나갔다. 그다음부터 성난 학부모들이 목소리를 높이기 시작했다. 출생 증명서에도 개빈의 성별이 여자로 명시되어 있으니 개빈이 여자 화장실을 사용해야 한다는 것이었다.

2014년 11월에 교육 위원회가 소집되었다. 학부모들은 아이들에게 피해가 없을지 우려했다. 어떤 어머니는 학생들의 사적인 공간이 개빈 때문에 훼손되었다고 보았고, 다른 어머니는 개빈이 어떻게 느끼는지 중요하지 않다고 했다. 어떤 아버지는 마이크를 들고 격분했다. 남자아이들 누구나 여자 화장실에 분장하고 들어가 여자아이들을 괴롭힐 수 있다고 생각하게 됐다고.

"원래 생각을 적어 답변을 준비해 왔습니다."

개빈은 흥분을 감추지 못하고 말했다.

"지금 보니 이런 종이 없이 말하는 게 더 낫겠습니다. 저는 그냥 여자 화장실을 사용할 수 없습니다. 제가 여자가 아니니까요."[61]

그는 이어서 말했다.

"여러분의 아이도 그럴 수 있습니다. 여러분의 아이, 여러분의 형제자매, 사촌과 조카도 그럴 수 있습니다. 저는 글로스터 학교를 통틀어 유일한 트랜스젠더 학생이 아닐뿐더러, 제게도 다른 모든 사람과 동등한 권리가 있습니다. 저는 그저 남자아이일 뿐입니다. 여러분이 결정을 내리기전에 제 권리에 대해 생각해 주시길 부탁드립니다."[62]

개빈의 어머니는 개빈이 이야기를 마치자 아이를 껴안았다.

개빈의 어머니도 처음에는 트랜스젠더 자녀에 관해 아는 것이 거의 없었다고 한다. 하지만 얼마 지나지 않아 아주 많은 트랜스젠더가 목숨을 끊는다는 것을 알게 되었다. 한 연구에 따르면 그 비율이 심지어 50퍼센트에 이르렀고, 이러한 사실이 어머니에게 큰 두려움을 불러왔다고 했다.

어머니는 이렇게 말했다.

"정말 힘들었어요. 무척이나 힘들었죠. 엄마로서 자식의 안전이 두려웠어요. 그렇지만 제 아이가 너무 훌륭하게 대처해서 감격하기도 했어요."[63]

위원회는 결정을 내렸다. 개빈의 선택에 반하는 쪽이었다. 학교 측은 뒷걸음질 쳤다. 개빈에게 남자 화장실 사용을 명확하게 금지했고, 대신 보건 교사 사무실에 있는 남녀 공용 화장실을 이용하도록 지시했다. 그때부터 개빈은 남녀 공용 화장실을 사용함으로써, 남자가 아니라는 것을 인정하도록 강요당했다. 그는 '다르다'고, 심지어는 '위험'하거나 '병든' 존재로 낙인찍혔다.

개빈은 이 상황을 달리 보았다. 자신은 미치광이가 아니라고 말한다. 변태도 아니다. 그는 단지 자신의 삶을 살아가려는 한 인간일 뿐이라고 말한다. 그렇지만 자기 방식대로 살아가려는 개빈은 학교 화장실 앞에서 멈춰 서야 했다. 그는 결론에 이르렀다. 2014년 12월, 열다섯 살에 법정에 섰다. 영화관이든, 공연장이든, 레스토랑이든 당연히 남자 화장실을 쓸 수 있고, 강요된 고립과 사회적인 추방을 받아들이지 않으려 했다. 개빈은 남자 화장실을 사용할 권리를 되찾기 위해서 학교를 고소했다.

"화장실에 가야 할 때마다 저는 굴욕감을 느낍니다."[64]

그의 싸움은 정치적인 투쟁이기도 했다. 개빈은 이 문제를 개인적인 타협이 아닌, 사회적으로 풀어야 할 더욱 근본적인 문제로 보았다. 구속력 있는 해법이 마련되어야 했다.

개빈 그림은 트랜스젠더이다. 출생증명서의 성별과 달랐지만 엄연히 남자아이였다. 학교에서 남자 화장실 이용이 금지되자 개빈은 2014년에 글로스터 고등학교를 고소했다. 법정 투쟁은 4년 동안 이어졌고, 2018년에 개빈은 마침내 권리를 얻어 냈다. 그는 미국에서 트랜스젠더 운동의 영웅이 되었다. 그는 단 한 가지를 원했을 뿐이다. 다른 사람들이 모두 그렇듯 자신의 삶을 살 수 있기를.

개빈은 시민의 권리를 보호하기 위한 조직인 미국 시민 자유 연맹 (American Civil Liberties Union, ACLU)의 도움을 받아 법정 투쟁을 벌였다. 이제 막 시작한 법정 투쟁을 통해 개빈은 한 사회의 행동 방식에 대해, 그 사회가 전제한 가치들에 대해, 또 두려움과 한계 및 그 사회의 사고를 가로막는 장벽에 대해 그리고 그 사회의 몰락에 대해 깊이 있는 시선을 던지게 되었다.

법정 투쟁은 4년이나 이어졌다. 개빈은 최고 정치 영역까지 문제를 끌고 갔다. 버지니아주의 교육청뿐만 아니라 그의 논점을 공유한 미국 교육부까지 개입했다. 그는 법정 투쟁을 통해 자기 모습대로 살 권리를 소리 높여 주장했고, 이 주장이 미연방 전체에서 실험대에 올랐다. 그의 고소는 당시 버락 오바마 대통령이 이끌던 정부의 지지를 받았고 2017년 미국의 최고 법정에서 다뤄지게 되었다.

오바마는 트랜스젠더 학생들의 권리를 강화했지만, 차기 대통령 도날드

트럼프는 재임 기간 동안 선임자의 법을 다시
후퇴시켰고 법정 공방이 연방 단위를 벗어
나 주 단위에서 진행되도록 사법적인 기
초를 분리시켰다. 믿기지 않는 진전과 퇴
보가 반복되었고, 개빈에게 견디기 힘든
상황이 계속되었다. 그렇지만 이제 이 주제
가 공개적인 관심을 받았다. 각종 매체에서 개

빈을 인터뷰했고, 개빈은 연설을 하고 상을 받았으며 거대한 연대의 물결을
경험했다. 사람들은 서로 이야기를 나눴고 개빈과도 이야기했다. 한 청소년
의 고소를 통해 중요한 사회적 문제를 법정 투쟁의 궤도에 올렸고 오늘까지
그 투쟁이 이어지고 있다.

　미연방 최고 법정은 이 사건을 항소 법원으로 되돌려 놓았다.

　2018년 5월, 고등학교 졸업 후 일 년이 지나서야 개빈은 법정에서 자유로
운 화장실 선택권에 대해 진술할 수 있었다. 그리고 이 진술과 판결은 뒤이
은 관련 사건에 중대한 이정표가 되었다. 미국의 지방 법원 판사인 아렌더
L. 라이트 앨런은 학교가 졸업생의 권리를 훼손했다고 판결했다. 이 판결
은 개빈과 ACLU와 미국의 법정에서 이뤄 낸 엄청난 승리였을 뿐만 아니라
미국 사회 전체를 위한 퀴어이자 트랜스젠더 운동 전체의 위대한 승리였다.
이미 오래전부터 개빈은 트랜스젠더 운동의 영웅이 되어 있었다. 다른 트랜
스젠더 학생들이 개빈이 걸어온 길을 뒤따랐다. 그들은 각각의 관할 법이
있는 미국의 많은 주를 상대로 고소장을 제출했고, 권리를 지키기 위해 소

송을 벌였다. 이 청소년들은 자신을 위해, 또 다른 사람을 위해 일어섰다.

"믿을 수 없을 만큼 마음이 가벼워졌어요."

그사이 열아홉 살이 된 개빈은 2018년 5월에 판결을 받고 나서 이렇게 말했다.

"제가 싸움을 시작한 열다섯 살 이후, 마침내 글로스터 카운티 교육 위원회의 결정이 잘못되었고 법을 위반한 것이라는 판사의 판결을 받았습니다. 저는 포기하지 않기로 단단히 마음먹었습니다. 다른 학생들이 제가 겪어야만 했던 것과 같은 일을 두 번 다시 겪게 하고 싶지 않으니까요."[65]

그 뒤로도 개빈은 인터뷰를 하고 텔레비전에 출연했다. 그는 시위대와 함께 행진하며 연설했다. 해마다 열리는 트랜스마치(Transmarch) 행사에서 2018년에 연설했다. 가슴 성형 수술을 했고 호르몬 요법을 받고 있다. 이에 더해 여권에 적힌 성별도 바꾸었다. 이제 하얀 종이에 쓰인 검정 글씨는 이렇다. '남성'.

학교를 졸업하고 개빈은 글로스터 고등학교에 대한 고소 내용을 바꿨다. 그는 학교 측에 손해 배상을 요구하고 있다. 학교가 동등한 대우를 받을 권리에 대한 법률 조항을 위반했기 때문이다.

"저는 모든 사람이 자유롭게, 모든 공공 영역에서 괴롭힘을 당하지 않고 차별받지 않으며 떳떳하게 살 수 있을 때까지 필요한 만큼 이 일에 매진할 것을 약속합니다."[66]

우마치 무심비 므부르야

— 평화 활동가 —

"무엇인가를 바꾸기 위해 페이스북을 직접 만들어야 하는 것은 아닙니다.
당신이 바라는 평화나 변화를 이루기 위해 힘 닿는 대로 최선을 다하면 됩니다."[67]

누구든 머릿속에 깊이 새겨진 경험이 있다. 아름다운 순간일 수도 있지만, 끔찍하거나 슬프고 두려움을 불러일으키기도 한다. 그런 끔찍한 순간을 경험했을 때 우마치 무심비 므부르야는 열세 살이었다. 그때만 해도 무심비의 이름은 소피 우마치 므부르야였지만 이제는 우마치 무심비 므부르야로 불리고 싶어 한다. 그러므로 이 글에서도 우마치를 그렇게 부르는 게 좋겠다.

"죽음이 눈앞에서 어른거렸다."[68]

우마치는 몇 해가 흐른 뒤 강연 중에 이 문장으로 자신에게 들이닥쳤던 일을 기억했다.

케냐에는 2007년에 치러진 대통령 선거가 부정 선거라고 믿는 사람들이 있었다. 이들은 부정 선거에 항의했고, 케냐의 다양한 민족(한 국가 안에서나 국경

우마치 무심비 므부르야 | 케냐 147

에 걸쳐서 하나의 단위로 이해하는 공동체. 민족은 다양한 공통 분모로 정의될 수 있다. 종교, 전통, 문화, 언어뿐만 아니라 공통의 역사나 신체적 특징이 그 예가 되기도 한다) 사이에서 폭력적인 마찰을 일으켰다. 이 전투는 끔찍한 결과를 가져왔다. 60만 명이 자기가 살던 땅을 떠나야 했고 수없이 많은 사람이 살해당했다. 정확한 숫자는 알려지지 않았지만 1200명에서 1500명가량이 죽었다고 추정된다.

우마치도 이때 죽을 뻔했다. 어느 날 남자 세 명이 우마치의 집으로 들이닥쳤다. 그들은 우마치가 다른 종족 출신이라고 판단하고 적으로 몰았다. 왜 그렇게 생각했을까? 그건 우마치의 피부색이 조금 달랐기 때문이다. 피부색이 다르다고, 다른 종족의 피부색을 지녔다고, 그의 목숨이 아무런 가치도 없다니 말이 되는가?

우마치는 여러 해가 지나도 그때 느꼈던 감정을 기억하고 있었다.

"세 남자가 증오심을 드러냈지만 저는 그들에게 분노하지 않았어요. 분노하기보다 오히려 마음이 아팠지요. 왜 그들이 내 생명을 앗아 가려는지 이해할 수가 없었어요. 내 몸에 드러난 특징 때문에, 내가 선택한 것도 아닌 것을 이유 삼아 생명을 앗아 가려 하다니요."[69]

우마치는 이 남자들을 설득했다. 자신의 생명을 구해 준 말들이 어디서 나왔는지, 남자들에게 무슨 말을 했는지 더 이상 기억하지 못한다. 어쨌든 결으로는 털끝 하나 다치지 않았다. 그렇지만 속으로는 달라진 것 같았다. 인간에 대한 믿음이 무너져 내렸다. 주위 사람들이 살해될수록 더욱더 믿음을 잃었다.

"어떤 친구들은 죽었고, 어떤 친구들은 고아가 되었어요. 어떤 친구들은 아무것도 없이 맨손으로 다시 시작해야만 했지요."[70]

케냐에서 일어난 소요는 두 달이 지나서야 잦아들었다.

몇 해가 지났고, 케냐는 다시 선거를 앞두고 있었다. 그사이 우마치는 대학을 다니기 시작했고 조국의 정치적 상황에 관해 많은 글을 읽었다. 케냐의 정치 상황에 대한 글을 읽을수록 그의 근심은 더해 갔다. 언제 터질지 모르는 또 다른 폭력이 잠들어 있을 뿐이었다. 친구들도 비슷한 걱정을 했다. 선거전에 뛰어든 정치인들은 여러 민족 사이의 공통점보다 차이점만 강조했다.

우마치는 지난 대통령 선거 이후 벌어진 일이 반복되어서는 안 된다고 생각했다. 그는 예술의 힘을, 특히 사진의 힘을 믿고 있었기 때문에 전 세계 사람들에게 호소했다. '나는 케냐인이다(I am Kenyan)'라고 적은 문구를 들고 사진을 찍어 페이스북에 게시해 달라고 말이다. 케냐의 한 사람 한 사람이 자신을 개별 민족의 구성원이기에 앞서 한 국가의 시민으로 인식해야 했다. 케냐 사람들은 케냐 문화의 다양성에 대해 자부심을 지녀야 했다. 우마치는 이 활동이 민족 간의 평화로운 공존을 끌어내는 데 도움이 되기를 바랐다. '나는 케냐인이다'라는 캠페인은 인터넷에서 큰 성공을 거뒀다. 전 세계에서 사진이 날아왔다. 케냐 사람들만 캠페인에 참여한 게 아니었다. 케냐 같은 상황을 겪는 세계 곳곳의 사람들이 사진을 게시했다. 우마치와 그 주위의 청소년들이 벌인 활동은 800만여 명의 사람들에게 가닿았고, 2만 1000장이 넘는 사진이 게시되었다.

사진을 게시하는 일을 하면서 우마치와 동료들은 케냐 사람들을 서로 만나게 하고 싶었다. 특정한 민족 구성원으로서가 아닌 개인 대 개인의 만남이 필요했다. 이를 위해 그들은 거리에서 케냐의 미래에 관한 대화와 케냐를 보는 관점에 관한 토론을 이어 갔다. '나는 케냐인이다'라는 문구를 티셔츠와 플래카드 위에 인쇄했다. 청소년들은 새로운 아이디어를 냈고 다양한 강연을 열었으며 평화 시위를 이어 갔다. 그렇게 서로 만났다. 케냐의 음악가들은 콘서트를 열어 이들의 활동을 지원했다.

한번은 수도 나이로비의 빈민 구역을 지나갔다. 이곳은 2007년 선거 이후 특히 심각한 충돌을 겪은 곳으로, 100개가 넘는 오두막이 잿더미가 되었다. 처음에는 겨우 10명 정도가 모여 '나는 케냐인이다'라는 팻말을 들고 거리를 걸었다. 그러나 행진이 끝날 무렵에는 400여 명이 함께했다. 우마치는 이 순간을 통해 모든 사람이 태어날 때부터 공통점이 많다는 것을 알게 되었다고 했다. 이제 우마치는 자신이 벌이는 행동이 긍정적인 변화를 이끌어 낼 수 있다고 믿고 있다.

마침내 나이로비의 거리 아이들까지도 케냐의 평화를 위해 시위를 벌였다. 케냐를 대표하는 색을 얼굴에 칠하고 '평화(peace)'라는 단어를 이마에 적었다. 그들은 침묵을 지키며 혼잡한 교통을 뚫고 도로에서 시위했다. 누구도 들을 수 없는 목소리지만, 이 목소리들은 적극적으로 사회의 앞날을 토론하는 일에 참여하고 있었다.

또한 우마치는 자신의 목표를 이루기 위해 난관을 뛰어넘어야 했다. 정치에 참여할수록 친구와 함께하는 시간은 줄었고 돈은 항상 부족했다. 가끔 더는 할 수 없다고 느끼기도 했다.

하지만 그의 참여와 헌신은 성공을 거두었다. '나는 케냐인이다' 캠페인을 통해 2013년 케냐의 선거는 평화롭고 안전하게 치러졌다.

주도적인 활동을 이끈 우마치는 2014년에 비비시에서 정한 세계를 변화시킨 10명의 청소년 가운데 한 명이 되었다.

그는 2018년 페이스북 게시글에서 이때를 회고했다.

"2012년에 '나는 케냐인이다' 캠페인을 시작했습니다. 조국에 대한 사랑에서 나온 운동이었지요. 우리는 사람들이 행동에 나설 수 있게 몇 가지 활동을 마련했고 그로 인해 힘 있는 사람들에게 협박당했습니다. 정부는 우리 단체의 몇몇 사람을 갈라놓았고 그들을 부당하게 대우했으며, 몇몇 회사는 우리의 아이디어를 훔쳐서 자기 회사를 위해 이용했습니다. 그럼

2007년 케냐에서는 대통령 선거 결과에 불응하는 사람들이 유혈 폭동을 일으켰다. 청소년이었던 우마치 무심비 므부르야는 이때 살해당할 위기를 넘겼다. 우마치는 죽을 뻔했던 경험에서 결코 자유로워질 수 없었다. 그래서 그는 케냐에서 다음 선거가 치러질 때 조국에 평화가 자리 잡도록 헌신하기로 결심했다.

에도 우리는 케냐 사회에 경종을 울릴 수 있었고 사람들은 우리 말에 귀를 기울였습니다."[71]

경청은 우마치에게 여전히 중요한 문제다. 우마치는 미국에서 학업을 마치고 주로 시각 예술과 미디어 분야에서 일하고 있다. 우마치는 계속 소셜 미디어를 통해 정치적 문제에 입장을 밝히고 자신의 목소리를 힘껏 내고 있다. 그 밖에도 인종주의나 여성 폭력에도 강력하게 대응하고 있다. 케냐의 내일을 여는 정치를 위해서 최선을 다하고 있다.

펠릭스 핑크바이너

––––––––– 기후 활동가 –––––––––

"우리가 할 수 있는 최선의 일 가운데 하나는 나무를 심는 것입니다.
나무는 우리가 배출하는 이산화 탄소를 흡수할 수 있는,
우리 곁의 유일한 장치입니다."[72]

낙원은 분명히 이런 모습일 거다. 눈부신 하늘, 새파란 호수, 끝없는 초록 들판, 하얗게 눈 덮인 산 정상. 바이에른주를 대표하는 색이 하양과 파랑이 될 수밖에 없다. 공기는 맑고 깨끗하며 신선하다. 이곳에서 자연을 즐기는 사람들은 세계 곳곳의 환경이 위협받고 있다는 것을 상상조차 못 할 것이다. 그렇지만 세계가 얼마나 위험에 처해 있는지 알기 위해서 지금 당장 이 엽서와도 같은 풍경과 마주할 필요가 있을지도 모르겠다. 그리고 어쩌면 펠릭스가 이런 천국과 같은 곳에서 자랐기에 굳건한 기후 활동가가 되었을지도 모르겠다.

초등학교 4학년 때 한 발표는 그에게 기폭제가 되었다.

"사실 모든 건 제가 다섯 살 때 선물받은 하얀 북극곰 인형에서 시작되었습니다." 하고 펠릭스는 기억했다.

"이 헝겊 인형은 거의 제 키만 했어요. 그래서 북극곰은 제가 제일 좋아

하는 동물이 되었죠. 몇 년 뒤에 저는 학교에서 지구 온난화를 주제로 발표를 해야 했어요. 자료를 조사하면서 제가 사랑하는 북극곰이 위험에 빠진 것을 알았습니다. 그게 전부가 아니었죠. 저는 재빠르게 알아챘어요. 기후 위기가 우리 인간도 위협하고 있다는 것을요."[73]

자료를 조사하면서 펠릭스는 지구가 처한 위기와 더불어 케냐의 왕가리 마타이도 알게 되었다. 그는 케냐 최초의 여성 교수였고, 아프리카 여성 최초로 노벨 평화상을 받았다. 왕가리 마타이는 1977년에 숲 조성 계획인 그린벨트 운동을 생각해 내어 실행에 옮겼고, 아프리카 여성들과 30년 동안 3000만 그루의 나무를 심었다.

"아프리카 여성들은 나무를 심어 처음으로 자신의 수입을 얻는 동시에 탄소 흡수 저장고까지 만들어 냈죠. 굉장한 아이디어 아닌가요!"[74]

나무는 땅이 침식되는 것을 막아 준다. 나무는 산소를 만들어 공기를 깨끗하게 하고 지구를 식혀 준다. 게다가 이산화 탄소도 흡수하는데, 한 그루당 1년에 평균 10여 킬로그램을 흡수한다.

수학이 모든 것을 말해 주었다. 지구상에 나무가 많으면 많을수록 이산화 탄소를 더 많이 흡수할 수 있고, 환경을 더욱 지속 가능하게 유지할 수 있다. 펠릭스는 그때 자신이 할 수 있는 일이 무엇인지 깨달았다. 왕가리 마타이가 펠릭스의 훌륭한 역할 모델이 되었고, 그가 시작한 일을 펠릭스도 계속 발전시키려 했다.

> "저는 세계 각국의 어린이들이 100만 그루의 나무를 심어야 한다고 의견을 냈어요. 당시에 저는 4학년이었고 그게 얼마나 많은지 정확히 상상할 수 없었죠. 아마 그때 저한테 떠오른 가장 큰 숫자였을 거예요."[75]

그렇게 펠릭스는 2007년 3월, 자신이 다니던 초등학교 공원에 첫 번째 사과나무를 심었다. 그가 선보인 나무 심기는 말 그대로 학교를 바꿨다. 점점 더 많은 학생이 나무를 심었다. 같은 학교에 다니던 고학년 학생은 자신이 만든 웹사이트에 그 지역에서 어느 학교가 나무를 가장 많이 심었는지 순위를 올렸다. 이 순위는 나무 심기 시합에 불을 붙였다. 누가 가장 많은 나무를 심을까? 뮌헨에서 기자 간담회가 열린 뒤에 미디어가 불러온 반향은 컸다. 대중의 관심이 깨어났고, 눈덩이가 굴러갈 채비를 마쳤다. 이제 구르기 시작했다!

펠릭스는 아버지 프리트요프 핑크바이너의 도움을 받아 2007년 초에 어린이 청소년 단체 '플랜트 포 더 플래닛(Plant-for-the-Planet)'을 만들었다. '지구를 위해 나무를 심자'라는 뜻을 담은 이 단체는 순회 여행을 시작했다. 검은 머리에 네모난 안경을 코에 걸친 남자아이에게 모두가 열광했고, 그의 말을 귀담아듣게 했다. 펠릭스는 진지하면서도 개구쟁이 같은 매력으로 사람들을 설득했다. 나무 심기라는 간단하고도 효과 만점인 아이디어로 모두가 기후 위기에 맞서 싸울 수 있게 된 거다. 펠릭스는 스스로 부과한 사명을 다하기 위해 기후 위기 대사가 되었다.

2009년에 펠릭스는 한국에서 열린 유엔 어린이 청소년 환경 프로그램 회의에서 세계 여러 나라의 어린이 800명과 함께 코펜하겐의 세계 기후 정상 회의를 위한 성명을 채택했다. 그는 강당에 모인 다른 어린이들에게 자기 나라에 100만 그루의 나무를 심을 사람이 있느냐고 물었고 점점 더 많은 아이가 연단으로 모여들었다. 펠릭스의 아이디어를 고국으로 가져가 실천하기로 한 어린이들은 56개국의 수백 명에 이르렀다. 이들은 무대 위에서 서성대기도 하고 서로 밀기도 하며 카메라 앞에서 웃어 댔다. 어깨를 두드리고 머리 뒤로 브이 자를 그리거나 토끼 귀를 만들어 보이기도 했다. 어떤 아이는 펠릭스 입 앞으로 손을 가져다 댔다. 입을 막는 손동작이 플랜트 포 더 플래닛에서 벌이는 캠페인이었기 때문이다. 플래카드는 바이에른에서 온 남자아이 한 명이 어떻게 어른들 입을 막았는지 보여 주었다. 플래카드에 적힌 글은 이랬다.

'말은 그만하세요. 나무를 심기 시작하세요(Stop talking Start Planting)'

간단히 말하면 제발 좀 행동하라는 것이다.

해리슨 포드나 틸 슈바이거 같은 유명인이나 미하엘 오토 같은 기업인, 모나코의 군주 알베르, 모델 지젤 번천, 전설적인 등반가 라이홀트 메스너, 정치학자 게지네 슈반을 비롯한 많은 이가 나무 심기 활동을 후원했고 또 퍼뜨렸다.

펠릭스의 고향에서도 눈덩이가 계속 굴러갔다. 플랜트 포 더 플래닛이 만들어지고 1년이 지나자 5만 그루의 나무가 심겼다. 펠릭스는 학교생활과 병행해 전 세계를 여행했고, 전 유엔 사무총장 코피 아난, 스페인 국왕 필리페, 미국의 정치인 앨 고어 등은 물론, 자신의 역할 모델인 왕가리 마타이도 만났으며 나무를 심었다.

펠릭스는 인터뷰하고 텔레비전에 출연했다. 열 살에 유럽 의회에서 나무가 기후에 미치는 중요성에 대해 연설했고, 3년 후에는 뉴욕의 유엔 본부에서 연설했다. 그렇게 활동을 펼쳐 가며 나무를 심었다.

그는 플랜트 포 더 플래닛 아카데미를 세웠고, 이 아카데미에서 어린이가 주체가 되어 다른 어린이를 환경 보호에 앞장서게 했다. 어린이 기후 대사들은 자신들이 알게 된 것들을 계속 알려 나갔고 기후 보호를 위해 나무를 심었다. 74개국의 9만 5000여 명에 다다르는 어린이 기후 정의 대사들이 플랜트 포 더 플래닛을 이런 방식으로 키워 냈다.

2009년에 펠릭스는 '바이에른주의 환경에 관한 특별 공로 메달'을 수상했다. 그사이 독일에서는 어린이들이 100만 번째 나무를 심었다.

새롭게 나무를 심을 비용을 마련하기 위해서 펠릭스는 2011년 전 세계의

펠릭스 핑크바이너는 1997년 10월 8일에 태어났고, 독일 바이에른주 페엘에서 자랐다. 아홉 살이던 2007년 2월에 어린이 청소년 단체인 플랜트 포 더 플래닛을 만들었다. 오늘날 74개국의 9만 5000명이 넘는 어린이 대사가 더 나은 기후 정의를 위해 활동하고 있다. 이 활동에 힘입어 정부와 기업, 개인이 130억 그루가 넘는 나무를 새로 심었다. 플랜트 포 더 플래닛은 기부에 힘입어 단독으로 900만 그루 이상의 나무를 심었다.

초콜릿 생산자 350명을 초대했다. 그는 이들에게 총수입 중 0.01퍼센트, 다시 말해 1톤의 초콜릿을 팔면 1유로를 기부해 달라고 했다. 그러나 아무도 이런 제안을 받아들이지 않았다.

펠릭스는 어른들이 그저 웃기만 해서 몹시 실망했다. 펠릭스와 동료들은 2012년 초콜릿 생산에 직접 나섰다. 다섯 달 뒤, '착한 초콜릿'이 독일의 대형 슈퍼마켓 상점에 놓였고, 2018년 상품 검사 재단(독일의 비영리 소비자 조직으로, 공공의 목적을 위해 다양한 상표의 상품 질을 비교 · 검증한다 : 옮긴이)으로부터 독일 최고의 밀크 초콜릿으로 선정되었다. 생산자와 중간 판매자가 이윤을 포기했기에 매출 일부를 플랜트 포 더 플래닛으로 전달할 수 있었다.

2015년에 플랜트 포 더 플래닛은 멕시코의 유카탄반도에 거대한 개발 프로젝트를 시작했다.

"축구장 50개 크기의 완전히 파괴된 숲에서 100명의 동료가 작업합니다. 이 동료들은 나무 학교에서 나무를 심고 가꿨지요." 하고 펠릭스가 설명했다.[76]

그는 아비투어(독일의 대학 입학 자격 시험 : 옮긴이)를 마치고 런던에 있는 아시아 아프리카 연구소에서 연구했다. 2018년 5월 22일에 독일 연방 대통령 프랑크발터 슈타인마이어는 펠릭스에게 연방 공로 십자 훈장을 수여했다. 한 초등학생의 아이디어에서 출발한 플랜트 포 더 플래닛은 뮌헨 근처 슈타펠제의 우핑에 본부를 두고 있고, 브라질, 이탈리아, 멕시코, 스위스 같은 7개국에 지부를 두고 있다. 이제 플랜트 포 더 플래닛은 하나의 단체에서 독립적인 기부 계좌를 둔 재단으로 성장했다. 나무를 심는 소년은 정상을 향해 돌진하는 사람으로 변모했다.

그는 "세계의 구원자"[77]로 유명해졌다.

펠릭스는 취리히에서 박사 과정을 밟았으며 토크 쇼에 출연하고, 기업가들에게 강연하며 경제와 미디어 분야의 주요 인사들을 만났다. 자신의 프로젝트를 지지해 주고 후원해 줄 사람들이다. 그의 청중은 경제력도 있고 영향력도 상당하다.

"우리는 모두를 설득하려 합니다. 나무를 심거나 기업에 연구비를 지원해 탄소 중립을 이뤄 내고자 합니다."[78]

하지만 쉘이나 루프트한자 같은 거대한 환경 오염의 주범들은 이 프로젝트를 함께할 수 없다. 펠릭스는 영향력 있는 이들에게 기대는 것이 아니라 협업하려는 것이다. 그는 언젠가 정치가가 될지도 모른다. 정치가가 되려는 이유도 어린이가 더 큰 정치적 영향력을 얻도록 헌신하기 위해서다. 그는 그레타 툰베리의 열렬한 팬이기도 하다. 결국 모든 것이 자신들의 미래와 관련된 문제다. 왜 18세가 되어야만 선거에 참여할 수 있나? 그는 이 문제에 관해서도 타협하고 싶지 않다. 펠릭스는 자신의 세대가 기후 위기에서 비롯하는 모든 문제를 겪고 감당해야 한다는 것을 잘 알고 있었다.

2019년 2월에 다음과 같은 사실을 경고했다.

> "미래에 기후 위기는 단지 물 부족이나 생필품 부족을 뜻하지 않을 겁니다. 기후 위기는 우리에게 또 다른 갈등, 즉 정치적 갈등이 될 것입니다. 전쟁과 같은 충돌이 더욱 심각하게 드러날 것입니다."[79]

펠릭스는 쉬지 않고 일한다. 나무 심기라는 진심을 담은 프로젝트를 멈추지 않는다. 다음으로 숲을 만들 나라는 에티오피아다. 펠릭스는 언제나 목표를 향해 나아간다. 남아메리카와 아프리카에 숲을 만들어 이산화 탄소를 줄이고 이로써 지구 온난화를 막는 것이다.

얼마 전부터 플랜트 포 더 플래닛 앱이 출시되었고 세계 곳곳에서 나무 심기 프로젝트를 함께하며 누구나 나무를 기부할 수 있게 되었다. 최근에 새로운 목표도 세웠다. 전 세계에 3조 그루 정도의 나무가 있는데, 이 나무의 1/3가량을 늘리는 것이다. 학자들의 계산에 따르면, 이렇게 늘어난 나무는 사람들이 배출한 이산화 탄소의 1/4가량을 흡수할 수 있다.

이것은 매머드급으로 거대한 프로젝트다. 세계 곳곳에 플랜트 포 더 플래닛이 세워질 것이다. 2030년까지 나무 1조 그루를 심어야 한다. 숫자로 써 보면 이렇다. 1,000,000,000,000.

어마어마한 숫자를 보고 계획을 의심하는 사람들도 있다. 전문가들은 재조림 잠재량에 의심을 품었다. 그러나 펠릭스는 입장을 분명히 밝혔다. 유엔이 나무 1조 그루 심기 캠페인을 벌여 몇 그루를 심었는지 세던 때, 펠릭스는 130억 그루를 심는 원래 목표에 따라 125억 그루의 나무를 심었다. 이후 유엔은 이 캠페인을 플랜트 포 더 플래닛에 위임했다.

이렇게 심은 나무들 가운데 매우 많은 수가 무사히 살아남았다. 이 점이 중요한 것이다. 펠릭스는 자신의 역할을 주저 없이 정의했다.

"제 역할은 사람들을 열광시키는 것입니다."[80]

물론 그의 역할은 그 이상이다. 그는 사람들에게 나무 심기를 전파하고 나무 심기 시합에 불을 붙이려 한다. 초등학교 때 이미 다른 학생들이 나무를 심도록 불붙였으며 그 불이 번지게 했다. 이 시합은 여전히 시간을 다투는 경주이기도 하다.

"사람이든, 조직이든, 나라든, 기업이든 누가 더 큰 숲을 가꾸는지를 두고 계속 겨뤄야만 합니다. 목표는 이렇습니다. 우리는 나무를 심는 사람들이 자신들의 성공을 공유할 수 있도록 하고, 다른 이들이 함께하도록 자극하는 것입니다."[81]

펠릭스는 어렸을 때 했던 일을 지금도 똑같이 하려 한다. 펠릭스는 기후 위기에 맞서, 지구촌의 엄청난 문제에 맞서 떨쳐 일어났다. 그는 플랜트 포 더 플래닛 로고를 가슴에 새긴 흰 티셔츠를 입었다. 이 로고에는 무성한 초록 수관의 나무가 보인다. 다리가 달린 나무들은 꼭 걷고 있는 것처럼 보인다. 세계 곳곳을 향해 걷는 걸까?

다리 달린 나무 줄기 아래 어린이들이 줄지어 있으니 마치 어린이들이 이파리 지붕 아래 모여 보호받는 모습 같다. 또한 어린이들이 두 팔을 뻗어 이 이파리 지붕을 떠받치는 모습도 된다. 두 가지 해석 모두 가능하다.

펠릭스가 말했듯이, 더 많은 나무는 지구 온난화에 맞선 싸움에서 승리를 앞당기는 만능열쇠다.

우리는 함께하면 강하다!

카롤리나 파르스카

———— 부패 방지 활동가 ————

"조국에서 뭔가 변화를 일으키고 싶을 때 나를 대신해 줄 사람이 있을까?
아무도 없다. 그러니 스스로 뭔가를 해내야 한다."[82]

정부는 원래 무엇을 하는 곳일까? 의회는 대체 어떻게 해야 잘 작동할까? 정치는, 달리 말하면, 정치적으로 유력한 사람들이 하는 일은 그 나라 국민들의 요구와 완전히 엇나갈 수 있다. 너무 엇나가서 대체 어떤 결정이 났는지, 누구를 위한 결정인지 알 수조차 없다. 이런 결정이 국민 모두에게 유익한 것인가? 소수의 사람들, 특히 돈과 영향력이 많은 몇몇 사람에게만 유익한 것은 아닐까?

카롤리나 파르스카는 2017년 2월에만 해도 이런 질문을 남의 일로 미뤄두었다. 그때 카롤리나는 열여덟 살이었고 슬로바키아의 소도시 두브니차나드 바홈에 살았다. 고등학교에 다니며 대학 입학 시험을 코앞에 두고 있었다. 거대한 정치 문제에 관해 깊이 생각하지 않을 이유는 충분했다. 스트레스가 몹시 심했고 학교 수업도 무척 많았으며, 사는 곳은 수도 브라티슬라바에서 아주 멀리 떨어져 있었다.

하지만 빨간 머리에 커다란 안경을 쓴 이 여학생은 인터넷 동영상으로 의회에서 벌어지는 논쟁을 보았다. 자신의 나라에서 일어나는 부패를 다룬 논쟁이었다. 문제는 정부에 맞서 모든 일이 제대로 처리되는지 특별히 주의를 기울여야 하는 야당이 제 역할을 조금도 하지 못하는 데 있었다.

후에 카롤리나가 독일의 뉴스 포털 슈피겔에서 말했다. 이 상황을 자각한 순간이, 통에 가득 찬 물을 넘치게 하는 물 한방울 같은 결정타가 되었다고 말이다.

그는 조국에 만연하는 부패를 목격하고 견딜 수가 없었다. 부패에 맞서 싸우는 비정부 기구인 국제 투명성 기구(Transparancy International)에서는 부패란 권력자들이 개인의 이익을 위해 자신의 힘으로 뇌물을 수수하는 것이라고 정의했다.

부패한 기업은 정치가에게 뇌물을 주어 특정한 사업을 나눠 받고, 그 사업을 통해 돈을 아주 많이 벌었다. 또한 정치가는 특정 법률을 개정하는 대가로 돈을 받기도 했다. 슬로바키아에서 부패는 심각한 문제다. 슬로바키아의 매체는 반복해서 부패 스캔들을 보도했지만, 부패 국가 순위 목록에서 슬로바키아는 180개 국가 중 59위를 차지했다. 다른 EU 국가들은 뇌물 수수와 관련해 슬로바키아보다 상황이 훨씬 나았다.

카롤리나는 이런 상황에 맞서 뭔가 행동하려 했다. 결국 자신과 자기 세대의 미래가 걸린 문제였다. 부패에 맞서 대응하는 것이 일상 생활과는 동떨어 진 문제로 보일 수 있었다. 그렇지만 정부 관리가 국민보다 돈을 제일 많이 바치는 사람을 위해 일하는 나라에서 어떻게 좋은 삶을 살 수 있을지 의심하 는 건 당연했다.

카롤리나는 부모를 생각했다. 그의 부모는 슬로바키아의 정치가 공정하 지 못하다고 판단했지만, 평범한 사람들이 이런 정치를 바꿀 수 없다고 믿었 다. 그것도 생긴 지 얼마 안 된 나라라면 더더욱 불가능하다고 생각했다. 사 실 슬로바키아는 1993년에야 지금과 같은 모습을 갖출 수 있었다. (슬로바키 아는 1981년에 체코 사람들과 함께 체코슬로바키아를 건국했다가 1993년 1월 1일에 체코와 분리해 다시 독립된 민족 국가가 되었다 : 옮긴이)

부패 정치에 맞서 뭔가 하기로 결정한 것은 큰 진전이었다. 무엇보다 자신 을 신뢰해야 했다. 카롤리나는 친구 한 명과 함께 행동했다. 자신들의 분노 를 드러내기 위해 카롤리나는 페이스북에 게시글을 올렸고, 수백 개의 댓글 이 달렸다. 카롤리나는 이런 식으로 여론을 강화하며 슬로바키아 국민 봉기 광장에서 열릴 시위를 조직했다. 이 광장은 1944년에 슬로바키아 시민들이 독일 군사 점령과 나치에 협력한 정부에 맞서 봉기를 일으킨 이후 국민 봉기 광장이라는 이름을 얻었다. 1989년에도 이곳에서 시위가 일어났다. 이 시위 에서 슬로바키아 시민들은 평화로운 저항을 통해 자유를 얻어 냈다. 이 광장 이야말로 역사적 의미를 지닌 곳이었다. 그러므로 카롤리나와 동료는 이곳 을 시위 장소로 정해 자신들이 조직하는 시위가 무엇에 관한 것인지 분명히 했다. 부패를 끝내야 했다. 그뿐만 아니라 독립적 위원회를 구성해 중대한 부패 스캔들을 조사하고 규명해야 했다.

사실 이 둘은 성공을 기대하지 않았다. 친구와 가족이 시위대에 합류하여 수백 명이 모이면 충분할 것 같았다. 모든 것은 예상과 다르게 흘러갔다. 이 시위를 보도한 신문 기사를 찾아보면 수백 명을 훌쩍 넘어 수천여 명이 시위에 참여했음을 알 수 있다.

카롤리나와 그의 친구가 정곡을 찌른 것이다. 갑자기 젊은이들이 거리로 몰려나와 조국의 미래를 외쳤다. 카롤리나가 슬로바키아의 상황을 두고 글을 썼듯이 젊은이들은 상황을 바꾸기 위해, 돈이 더 이상 "과두 정치(소수의 사람들이 국가를 운영하는 독재적인 정치 체제 : 옮긴이)를 하는 정치가들의 주머니로"[83] 흘러들어 가지 않게 하기 위해 싸웠다.

카롤리나는 순식간에 저항의 상징이 되었다. 그는 2018년 2월, 젊은 언론인 얀 쿠치아크가 잔인하게 살해당하자 시위를 계속 조직했다. 얀 쿠치아크는 슬로바키아의 부패에 대해 자료를 모으고 정부 인사들과 마피아의 연루 사실까지 드러낸 인물이었다. 그의 약혼자 마르티나 쿠스니로바까지 살해당했다. 슬로바키아의 수많은 시민은 이 끔찍한 범법 행위가 얀 쿠치아크의 보도와 연관되었다고 확신했다. 새로 태어난 지 얼마 안 된 민주주의 사회에서 부패가 버젓이 활개친다는 사실에, 정부가 불편하고 비판적인 언론인을 그렇게 쉽게 제거할 수 있다는 사실에 격분했다.

모든 사건과 정황에 사람들의 분노가 거세게 일어났다. 그사이 더 많은 이들이 시위에 참가했다. 처음에는 2만 5000명에서 2만 8000명 정도였지만, 나중에는 8만 6000명이 되었다. 그때마다 카롤리나는 언제나 맨 앞에 서 있었다. 카롤리나는 '공정한 슬로바키아를 위하여'라는 운동을 탄생시켰다.

수천 명 앞에서 연설하면서 카롤리나에게 막중한 책임이 부여되었다. 카롤리나의 생각을 지지한 사람들이 대열로 모여들었기 때문이다.

카롤리나의 정치 참여는 어떤 사람들에겐 눈엣가시였다. 사람들은 카롤리나를 적으로 보고 욕을 퍼붓거나 침을 뱉기도 했다. 혐오 메일이 왔고 살해 협박도 뒤따랐다. 카롤리나의 적들은 카롤리나와 그 동료들이 외국에 매수된 스파이라며 그들에 관해 헛소문을 퍼뜨렸다.

그럼에도 2018년의 저항 운동은 성과가 있었다. 얀 쿠치아크와 마르티나 쿠스니로바가 살해된 몇 주 후에 슬로바키아의 총리가 물러났다. 다른 정치계 유력 인사들도 공직을 내려놓아야 했다.

오늘날 카롤리나는 조국을 변화시키려는 세대를 대표한다. 조국의 변화를 위해 카롤리나는 계속 시위를 조직했고 연설에 나섰다. 이런 정치 참여와 병행해 학교에서 시험을 보고 대학 입시를 위해 공부했다. 그는 외국 대학에서 학업을 이어가고 싶었지만 원래의 계획을 접었다. 조국에 깊은 책임감을 느꼈기 때문이다.

여전히 할 일이 많았다. 그사이 둘을 죽인 살해범이 체포되었고, 유력 인물들이 연달아 공직에서 물러났다. 하지만 근본적인 체계를 바꾸는 큰 과제

카롤리나 파르스카는 조국 슬로바키아의 부패에 맞서 행동하기로 결심했다. 그때가 열여덟 살이었다. 친구와 함께 시위를 조직했고 시위는 점점 더 커졌다. 결국 유력 정치인까지 자리에서 물러나야 했다.

가 남아 있다.

　슬로바키아에는 새로운 인식이 생겨났다.

　정치가 자신과 동떨어진 것처럼 보일지라도 누구나 정치에 참여할 수 있다는 인식이다.

솔리 래피얼

— 사회 정의와 환경 보호를 노래하는 포에트리 슬래머 —

"당신은 포에트리 슬래머로 당신 세대의 목소리를 낼 수 있고,
당신이 가장 몰두하는 것을 이야기할 수 있습니다."[84]

말로 세상을 바꿀 수 있을까?

솔리 래피얼의 말을 믿는다면 답은 무척이나 간단하다. 그렇다. 확실하다! 하지만 말솜씨가 빼어나고 언어 구사력이 탁월한 소년조차도 자신의 삶을 바꾼 순간을 돌아보면 할 말을 잃고 만다. 솔리에게는 2017년 오스트레일리아에서 치러진 포에트리 슬램의 최종 예선이 바로 그 순간이었다. 시드니까지 가리라고, 세계적으로 유명한 오페라 하우스의 무대에 서리라고 꿈도 꾸지 못했기 때문이다.

그때 열두 살의 솔리는 엄청나게 모여든 관객 앞에 서 있었다. 믿기지 않았다.

조명이 비춘다. 솔리 차례다. 어느새 발표자의 이름이 호명된다. 언제가 자기 차례인지 아무도 알지 못한다. 포에트리 슬램에서는 언제나 시인들은 자신이 쓴 글로 경연한다. 승자를 가르는 데는 참가자들이 쓴 글의 수준뿐

아니라 발표도 결정적인 영향을 미친다. 누가 얼마나 신뢰감을 주는지, 얼마나 감동을 불러일으키는지를 심사한다. 신경이 곤두선다. 청중은 투표한다. 가장 큰 박수를 받은 사람이 다음 무대로 올라간다. 솔리는 결승전까지 올라갔다. 이제 솔리와 상대 둘만 남았다.

솔리가 쓴 시는 이렇다.

Evolution

BANG! —that's the sound of evolution……

we've found elocution's

just to tell the world we're finding a solution

for pollution

on our convolution

as a conterrevolution and retribution

All for one thing……

TO PROVE EVOLUTION[85]

진화

쾅! 이 소리는 알리지, 진화

우리가 찾아냈지, 더 나은 대화

우리가 만들겠다고 외칠 거야, 역사

멈출 거야, 기후 변화

끝내 이룰 거야, 성과

책임자에겐 대가, 억업자에겐 불화

이 모든 건 단 하나를 위한 일……

증명할 거야, 진화!

솔리는 포에트리 슬램의 우승자가 되어 쏟아지는 축하를, 우레와 같은 박수를 받았다. 강당이 들썩였다. 솔리는 2017년 오스트레일리아 포에트리 슬램 챔피언이 되었다.

그때까지 솔리는 아주 평범한 소년이었다. 그런데 평범하다는 건 대체 뭘까? 솔리는 테니스와 탁구를 쳤고 수영을 했고 장거리 달리기를 훈련받았다. 그는 색소폰을 연주하고 키보드와 타악기를 연주했다. 그 밖에도 연극을 했고 특히 증조할머니와 프랑스식 공놀이를 아주 즐겨 했다. 그는 자신의 생활에 대해 즐겁게 글을 썼다. 아홉 살 때 처음으로 하이쿠(일본에서 나온 17음절의 삼행시이다. 세계에서 가장 짧은 시 형식이다. 최초의 하이쿠는 16세기에 쓰였다)를 썼다. 그에 더해 운율을 탐구하고 다양한 형태의 서정시를 익혔으며, 형식에 얽매이지 않은 자유로운 글도 썼고 좀 더 긴 글도 썼다. 그는 자신의 목소리를 찾아 나섰고 그 소리를 찾아냈다. 이렇게 발견한 소리는 그의 삶에 흐르는 배경 음악이 되었다.

오스트레일리아의 포에트리 슬램 챔피언이 되고 나서 모든 것이 변했다. 유명해진 솔리는 인터뷰나 다양한 초대에 응해 전국을 여행했고, 텔레비전 쇼와 토크 쇼에 출연했다. 2018 영연방 경기 대회(Commonwealth Games)나 테드엑스 시드니(TEDx Sydney) 같은 큰 행사에도 나섰다.

2018년 9월 3일, 그의 첫 번째 책 《주목받기(Limelight)》가 출간되었다. 그사이 열세 살이 된 솔리는 자신에게 무척 중요한 의미를 지닌 것들을 이 책에 담아 냈다. 그는 시와 포에트리 슬램에 관해 글을 썼고, 아이디어는 어떻게 얻는지, 시를 어떻게 읽고 이해하며 창작할 수 있는지 적었다. 나아가 솔리는 어떻게 하면 자작시를 제일 잘 발표할 수 있는지도 적었다. 《주목받기》에는 자작시가 들어 있다. 이 어린 작가는 독자에게 책을 선사하며 이렇게 제안했다.

"나와 함께 게임 체인저(운동 경기 따위에서 경기의 승패나 흐름에 큰 변화를 주는 선수를 뜻한다 : 옮긴이)가 되자!"

게임 체인저가 되자는 말을 다음과 같이 풀어 볼 수 있다. 게임의 규칙을 바꿔라. 자기 자신의 놀이를 개발하고 놀아라. 자기 마음에 드는 세계를 만들어라. 모방하지 말아라. 자기 자신을 발견하고 자신이 원하는 세계를 창조해 내라. 자기 자신이 되어라.

솔리는 책의 머리말에 이렇게 썼다.

"저는 다른 사람들에게 용기를 주고 싶었어요. 시를 써서 우리 세대에 특히 중요한 몇몇 주제에 관해 말할 수 있도록요. 저는 사람들이 스스로에게서 최고의 것을 끌어내도록 돕는 일이 정말 좋습니다. 저는 오늘보다 더 나은 내일을 향해 변화하는 데 마음 깊은 곳에서부터 타오르는 열정을 품고 있습니다."[86]

솔리는 자신의 생각을 종이로 옮겨 독자에게 인상 깊은 격려를 보냈다. 그뿐이 아니다. 종이에 담긴 격려를 눈에 보이고 귀에 들리도록 옮겨 놓았다. 포에트리 슬램에서 시를 공연으로 되살려 낸 것이다. 솔리는 타고난 재능이 있는 것 같다. 그는 음절의 곡예사이자 말과 사람의 조련사로 탁월하게 울림을 만들어 내고 리듬을 타며 시를 역동적인 공연으로 선보인다. 그는 속도를 높여 말하다 제동을 걸더니 갑자기 멈춘다. 그는 자신과 세계, 시 창작이라는 열정을 곱씹고 곱씹어 시적으로 표현한다. 때로는 높은 목소리를, 때로는 낮은 목소리를 담는다. 언어의 아름다움은 현실의 고단함과 충돌한다. 속도는 굉장하고, 소리는 스타카토로 톡톡 튄다. 톤은 강렬하다. 이미지들이 확확 펼쳐지고 감정이 고조된다.

솔리의 낭송은 피부로 스며들어 가슴에 와닿는다. 손짓으로 청중을 쥐락펴락한다. 때때로 두 손을 배 위에 포개어 놓는다. 이런 몸짓은 설교자처럼 보이게도 하는데, 이런 동작도 그의 시와 잘 어울린다. 온갖 감정과 상상이 휘몰아치며 시의 메시지가 분명하게 드러난다. 솔리는 '원대하게 생각하라'라는 모토를 따르는 사람이다. 다시 말해 생각에 갇히지 않고 어떤 한계도 두지 않겠다는 뜻이다. 그렇기에 '원대하게 꿈꿔라'라는 말도 그의 신조다.

솔리 래파얼은 열두 살에 2017년 오스트레일리아 포에트리 슬램에서 우승했다. 이로써 그는 오스트레일리아 역사상 최연소 포에트리 슬램 우승자가 되었다. 그는 어른과 어린이 구별 없이 모두의 변화, 인간성을 둘러싼 질문, 사회적 평등, 동물 보호, 환경 보호 같은 주제를 다룬다. 그의 목표는 자신이 쓴 시로 사람들을 뒤흔들어 시민 의식을 일깨우는 것이며, 또래들에게 글을 쓰고 낭송하며 현실에 대응하도록 자극을 주는 것이다. 더 나은, 더 공정한 세상으로 가기 위해서다.

그는 자신의 관심을 세 단어로 정확히 표현한다.

"써라. 공연하라. 바꿔라."[87]

쓰고, 바꾸고, 공연하는 것은 모두와 관련되어 있다. 그래서 솔리의 시에는 〈아마도(Maybe)〉, 〈차이를 포용하자(Embrace Our Difference)〉, 〈가자! (Go!)〉, 〈변화(Changes)〉, 〈날자(Fly)〉, 〈생각해(Think)〉, 〈멘탈 마라톤(Mental Marathon)〉 같은 제목이 붙어 있다. 이 시들은 삶의 수많은 가능성에 대해, 획일화 대신 개성과 변화에 대해 다룬다.

솔리는 자신의 시에서 사회적 문제와 씨름한다. 인도주의적인 질문들에 대해, 지속 가능성이나 다양한 평등에 대해 몰두하고 동물 보호와 환경 보호 같은 주제에 골몰한다. 그는 바다를 떠다니는 플라스틱 쓰레기에 관해 시를 쓰고 판타지의 자유에 관해서도 시를 쓴다. 단어들의 비행을 다룬 시가 〈날자〉이다. 그는 아이들과 마찬가지로 어른들의 변화에 대해 시를 쓴다.

그의 목표는 시를 통해 현실의 문제에 이름을 붙이고 그 문제를 해결하도록 돕는 것이다. 그는 여론을 흔들어 깨우고, 정치에 의무적으로 참여시키고, 또래들에게 같은 관심을 전염시키려 한다. 이로써 언젠가 또래들도 자발적으로 시를 쓰게 될지도 모른다. 〈아마도〉 같은 시를 말이다. 또래들에게 삶에서 만나는 문제를 언제든 말할 수 있다고, 모든 사람이 스스로 생각할 수 있다고 얘기하는 시 〈생각해〉라든가, 더 낫고 더 올바른 세계를 위해서 스스로 강해지고 말하고 실천하자는 시 〈가자!〉도 있다.

솔리는 이러한 변화를 위해 시를 짓고 무대에 선다. 능수능란하게 음절과 음절 사이를 오간다. 새로운 아이디어를 떠올리고, 새로운 의미를 만들어 내는 데 그 이상 필요한 것은 별로 없다.

이 오스트레일리아의 젊은이에게는 시는 의미에 관한 것이기 때문이다. 현대 사회에서 '더 빨리, 더 높이, 더 멀리, 더 많이'가 무의미해질수록 그는 더욱 멈추어 의미를 곱씹는다. '잠깐 멈춰! 잠깐 쉬어! 잠깐 생각해!'처럼 단어를 조합해 의미를 만들어 낸다. 단어를 긴밀히 연결할수록 더 깊은 의미가 생겨난다. 단어에서 단어로, 다시 메시지로. 이 작업은 지극히 예술적이면서 동시에 정치적이다.

솔리는 2018년 테드엑스 어린이(Tedx Kids)에서 '우리는 더 나아질 수 있다(We Can Be More)'라는 캠페인을 선보였다. 솔리의 연설은 시처럼 들렸다. 3분 동안 관객들에게 후드득후드득 말이 쏟아져 내렸다. 말들은 청중을 두드려 깨웠다. 사람들은 솔리의 연설에서 헤어 나올 수 없었다. 이 어린 시인이 세상을 구하는 일에 관심이 많기에 더욱 그랬다.

솔리의 홈페이지에는 이렇게 쓰여 있다.

"사람들은 나를 장래가 기대되는 휴머니스트라거나 게임 체인저로 설명한다. 내 관심사가 함께 살아가는 모든 이의 삶에 평등을 뿌리내리게 하는 일이기 때문이다. 동시에 나는 우리가 사는 행성의 미래를 근심하고 돌본다."[88]

어느 날 열네 살이 된 소년은 비행사가 되고 싶다고 말한다. 단어에서 헤어 나와 진짜 하늘을 날기 위해서?

아니, 솔리는 작가가 될 것이다. 아니, 솔리는 이미 작가다.

레이우프 알후메디

———————— 히잡 쓴 이모티콘 제안자 ————————

"제 요구의 핵심은 대표성과 관련된 것입니다. 세상에는 무슬림이 정말 많습니다.
거리, 학교, 텔레비전, 어디서든 이들을 만날 수 있습니다.
우리 사회는 무슬림을 가시화하고 인정하려고 많은 영역에서 움직이기 시작했습니다.
이제 일상에서 의사소통을 할 때도 그 길을 따라가야 합니다."[89]

글을 쓰다 보면 적절한 단어가 떠오르지 않는 일이 많다. 가족이나 친구에게 소식을 전할 때 너무 진지하게 생각하지 말라거나, 웃음으로 받아친다거나, 어떤 일로 당황스럽다는 것을 어떻게 표현할 수 있을까? 이럴 때 작은 그림이나 아이콘의 도움을 받을 수 있다. 우리가 잘 알고 있는, 노란 스마일 그림이나 윙크하는 스마일 그림 말이다.

때때로 이런 그림 문자를 활용하면 긴 말보다 더 많은 의미를 전달할 수 있다. 이러한 그림 문자를 이모티콘이라고 부르는데, 이모티콘은 가장 빨리 성장하는 언어일 것이다.

오늘날 삶의 방식이 더욱 다양해지면서 다양한 사람들이 사용할 수 있는 온갖 이모티콘이 필요해졌다. 터번을 두른 남성을 위한 것도, 다양한 머리색과 피부색을 위한 것도, 또한 다양한 직업을 위한 것도 필요하다. 탐정, 요리사, 가수는 물론 온갖 종류의 동물을 위한 이모티콘도 생겼다. 사람들

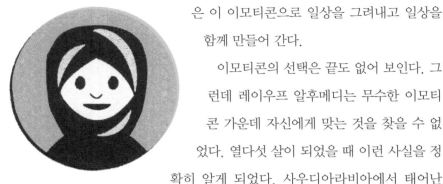

은 이 이모티콘으로 일상을 그려내고 일상을 함께 만들어 간다.

이모티콘의 선택은 끝도 없어 보인다. 그런데 레이우프 알후메디는 무수한 이모티콘 가운데 자신에게 맞는 것을 찾을 수 없었다. 열다섯 살이 되었을 때 이런 사실을 정확히 알게 되었다. 사우디아라비아에서 태어난 레이우프는 가족과 함께 베를린에서 살고 있었다. 아버지가 사우디아라비아 대사관에서 일하기 때문이었다. 레이우프는 열세 살 때 두건을 둘렀다. 정확히 말하면 히잡을 써서 머리카락과 귀와 목을 덮었다. 이후에 그는 한 인터뷰에서 히잡이 자기 정체성의 일부를 이루는지에 대한 질문을 받고 이렇게 대답했다.

"저는 열세 살 때부터 히잡을 둘렀어요. 다른 사람에게 보여 주고 싶은 것과 그렇지 않은 것을 스스로 결정할 수 있다고 느껴서 좋았어요. 제게 히잡은 자유의 상징이에요. 한번은 엄마가 제게 말씀하셨어요. 정말 히잡을 쓰고 싶은지 말해 보라고요. 저는 그러고 싶었어요. 저는 히잡을 두를 수 있어 자랑스러워요."[90]

이모티콘의 세계에서 레이우프는 두건을 두를 수가 없었다. 그 사실을 열다섯 살 때 알았다. 레이우프가 친구들과 스마트폰 메신저 앱인 왓츠앱에서 그룹을 만들려 할 때였다. 그룹 프로필은 참가자들의 이모티콘을 이어 붙여 만들어야 했다. 다른 친구들은 저마다 자신을 대표하는 이모티콘을 선택했고, 그 이모티콘은 자기의 머리색이나 피부색과 맞았다. 그렇지만 레이우프는 그렇게 할 수 없었다. 히잡을 두른 이모티콘은 단 하나도 없었으니까.

터번을 두른 남자 이모티콘이 하나 있긴 했지만, 레이우프에게 정말 맞지 않았다. 레이우프는 어쩔 수 없이 터번을 두른 남자 이모티콘에 화살표 부호와 소녀 이모티콘을 덧붙였다. 얼마나 복잡하던지! 이건 해결책이 될 수 없었다. 더 근본적인 문제는 자신에게 걸맞는 이모티콘을 찾을 수 없는 히잡 착용자가 레이우프만이 아니라는 점이었다.

레이우프는 가장 먼저 애플의 고객 센터에 편지를 보냈고 아무 대답도 받지 못했다. 하지만 인터넷에서 어떻게 새 이모티콘을 제안할 수 있는지 알아냈다. 유니코드 컨소시엄(PC로 데이터 교환을 원활히 하기 위해 만든 세계 문자 코드 체계에 가입한 기업의 조합 : 옮긴이)으로 아이디어의 개요를 보내면 되었다. 이 조직에는 애플, 마이크로소프트, 구글 같은 큰 산업 기술 업체가 모두 참여하고 있었다. 이곳에서 새로운 이모티콘을 합의하면 기업들이 이 일을 넘겨받는다.

레이우프는 짧은 글을 보냈고 신속한 답장을 받았다. 레이우프의 아이디어는 환영받았고, 그해에 이모티콘이 개발되었다. 그사이 혼자 아이를 키우는 부모나 동성 커플을 나타내는 이모티콘 등도 등장했다. 이모티콘은 사회의 다양한 측면을 보여 주는 사진과도 같다. 히잡 쓴 이모티콘은 이모티콘 세계의 공백을 메워 주었다.

여러 분야의 전문가로부터 도움을 받아 레이우프는 공식 제안에 착수했고 편견에 맞서는 질문도 던졌다. 많은 사람들은 히잡이 여성을 억압하는 수단

일 뿐이라고 여기지만, 레이우프는 정반대로 생각한다.

> "이상하게 들리겠지만, 저는 히잡을 두르면 자유로움을 느껴요……. 히잡은 여성을 보는 시선을 아름다움에서 능력으로 옮겨 놓죠."[91]

레이우프는 이후의 인터뷰에서 거듭 강조했다. 세계 곳곳에서 히잡을 쓰라고 강요받는 여성들이 있고, 이 여성들에게 히잡은 억압의 상징이 될 수 있다고. 그래서 많은 것이 바뀌어야 한다고. 하지만 히잡을 기꺼이 두르는 여성도 아주 많다는 점도 주목했다. 기꺼이 히잡을 두르는 여성들 사이에는 자의식이 강한 여성도 많으며, 이러한 여성들을 위해 히잡을 두른 이모티콘이 필요하다는 것이다.

레이우프가 제출한 최종 신청서에 그의 태도가 잘 드러난다.

> "디지털 시대에 그림은 의사소통의 결정적인 요소이다. 이모티콘은 효과가 커서 그 어느 때보다 빈번하게 쓰이고 있다. 수백만 명의 사람들이 감정과 외모를 표현하기 위해서, 이야기를 전달하기 위해서 이모티콘을 활용하고 있다. …… 거의 5억 5000만 명에 이르는 무슬림 여성들은 히잡을 두르는 데 자부심을 느끼고 있다. 그러나 무슬림이 이렇게 거대한 인구임에도 자판에는 이들을 위해 마련된 자리가 단 한 군데도 없다."[92]

그뿐만 아니라 레이우프는 히잡을 두른 이모티콘이 다양한 피부색을 지니는 것도 중요하게 생각했다. 무슬림 공동체가 얼마나 다채로운지 보여 주기 위해서 이모티콘은 현실의 다양성을 그대로 반영해야 했다. 레이우프는 자신이 제출한 신청서에서 유대교, 그리스 정교회, 가톨릭 등의 두건도 이슬람교에서와 마찬가지로 큰 의미가 있다고 강조했다.

미디어는 레이우프의 적극적인 활동을 보도했다. 전 세계의 신문과 텔레비전 방송은 이 나이 어린 여성에 관해 일찌감치 보도하기 시작했다. 레이우프는 디지털 세계에서 무슬림들이 더 돋보이도록 힘썼을 뿐 아니라, 사람들이 일상에서 히잡을 두른 여성들과 편견 없이 교류하도록 헌신했다.

2017년에 이르러 히잡 쓴 이모티콘이 핸드폰과 메신저 서비스에 등장했다. 레이우프는 꿈꾸던 일을 해냈고, 수백만 명의 소녀와 여성들이 급성장하는 디지털 세계에서 자신과 동일시할 수 있는 이모티콘을 갖게 되었다. 《타임》지는 레이우프를 2017년의 가장 영향력 있는 청소년 30명 가운데 한 명으로 선정했다.

히잡 이모티콘을 등장시킨 레이우프의 성공에는 그늘이 뒤따랐다. 그 무렵 레이우프는 가족과 오스트리아 빈에 살고 있었는데, 오스트리아의 우파 정치가는 히잡을 두른 여성 이모티콘을 두고 '멍청한 짓거리'라 했다. 특히 인터넷에서 욕설과 협박이 이어졌다. 레이우프는 이런 부정적인 반응을 완전히 무시하고 대신 칭찬과 감사에 집중했다. 수많은 사용자들은 마침내 자

레이우프 알후메드는 열세 살부터 히잡을 썼다. 그에게 히잡은 정체성을 이루는 한 부분이다. 열다섯 살이 되어 친구들과 채팅을 하다 자신과 닮은 이모티콘이 하나도 없다는 걸 알게 되었다. 이모티콘의 세계에는 다양한 피부색과 머리카락 색을 지닌 사람들이 온갖 표정을 짓고 있고, 상상할 수 있는 모든 직업을 나타내는 폭넓은 이모티콘들이 있었다. 그렇지만 히잡을 두른 여자만큼은 찾아볼 수 없었다. 레이우프는 이런 상황에 질문을 던졌고 히잡 쓴 이모티콘을 제안했다.

신과 동일시할 수 있는 이모티콘이 생겨 기쁘게 활용하고 있다고 소식을 전했다.

레이우프는 거듭해서 말했다. 히잡을 두른 이모티콘은 하나의 이모티콘에 불과하지만, 그 뒤에는 개방성과 관대함에 대한 더 큰 질문이 자리하고 있다고 말이다. 히잡을 두른 이모티콘은 간접적으로나마 이 두 가치를 장려하고 있다. 레이우프 알후메디는 시엔엔(CNN) 인터뷰에서 이에 대해 말했다.

"히잡을 두른 여성이 스마트폰에 등장하기 시작한다면, 사람들은 이들이 뉴스에나 나오는 그런 사람들이 아니라는 것을 곧장 깨달을 거예요. 그래서 히잡을 두른 여성들도 다른 사람들처럼 일상을 살아가는 평범한 이들이라는 인식이 확고해질 거예요."[93]

헤일리 포트

—— 노숙인을 위한 활동가 ——

"노숙하는 사람들이 있다는 것이 옳지 않아 보여요.
모든 사람에게는 살아갈 공간이 있어야 한다고 생각해요."[94]

모든 사람에게는 삶의 기초를 세울 세 개의 기둥이 있어야 한다. 첫 번째 기둥은 사람이다. 자신이 좋아하고 또 자신을 좋아하는 사람들에게 둘러싸여 있어야 한다. 다음은 직업이다. 생계비를 벌기 위해서다. 그리고 마지막 기둥은 머리 위를 덮을 지붕이다. 돈이나 부, 사치 따위와는 아무 관련이 없다. 모든 사람은 자신이 살 수 있는 거처를 가질 권리가 있다.

그러나 집 밖으로 한 발짝만 나가도 수많은 사람이 이러한 권리 밖에서 살고 있음을 쉽게 알 수 있다. 이들은 몸에 걸치고 있거나 비닐봉지에 담은 것만을 소유하며 살고 있다. 대부분이 온종일 보도에 앉아 푼돈이나 사소한 것들을 구걸한다. 밤이 되면 이들은 거리에서, 다리 아래에서, 아니면 지하철역, 기차역, 백화점 등에서 잔다. 겨울에도 마찬가지다. 많은 사람은 이들을 '부랑아'라고 부르는데, 이 말에는 사회의 완전한 무시와 냉대가 숨어 있다. 없었으면 좋을 것을 어쩔 수 없이 참는 듯한 말이다. '노숙인'이라는 명칭으로도 이러한 인식을 전부 숨길 수 없다. 영어 단어로도 마찬가지다. '홈리스

피플(homeless people)'은 머물 집이 없는 사람들을 가리킨다. 머리 위에 지붕이 없는 사람들은 남녀노소를 가리지 않는다. 대부분은 이들을 무시하며 지나쳐 버린다.

헤일리 포트는 그렇지 않았다. 다섯 살 때 처음 노숙인을 만난 헤일리는 도망가지 않고 그와 눈을 맞추었다. 그 남자를 잘 살펴보자 그에게 도움이 얼마나 절실한지 알 수 있었다. 헤일리는 어머니에게 자신이 도움을 줘도 되는지 허락을 구했다. 그때부터 가족 모두가 노숙인을 돕기 위해 손을 맞잡고 일하고 있다. 헤일리는 돈 대신 먹을 것을 주었다. 그건 헤일리다운 행동이었고, 지금도 여전히 헤일리답게 행동하며 항상 더 큰 맥락 속에서 문제를 생각하고 있다. 헤일리는 동전 몇 개나 지폐 몇 장으로 노숙인을 위로하려 하지 않았다. 헤일리는 식물을 잘 가꿨기 때문에 직접 기른 채소와 과일 60킬로그램을 지역 배식소에 기부할 수 있었다. 부모는 처음부터 헤일리 곁에서 조언하고 같이 활동해 주었다. 헤일리의 어머니 미란다는 에이비시(ABC) 뉴스와의 인터뷰에서 '중요한 것은 누구나 함께할 수 있다는 메시지를 전하는 것이다' 라고 했다.

2017년 5월에 헤일리는 토마토, 오이, 브로콜리, 콩, 완두콩, 파프리카, 딸기, 블루베리 등의 씨를 뿌리며 새로 시작되는 계절에 맞춰 정원을 가꾸었다. 2018년 4월에는 이에 더해 사과나무, 벚나무, 자두나무 등을 심었다. 이제 헤일리는 전보다 두 배나 되는 과일과 채소를 기부하게 되었다. 정확히 120킬로그램이었다.

헤일리는 농사를 지어 채소를 기부하는 일을 멈추지 않았다. 비누, 수건, 빗, 칫솔, 치약, 휴대용 휴지, 화장실 휴지, 위생용품 등을 마련하기 위해 돈을 모았다. 어떤 사진에는 헤일리가 기부받은 옷 더미에 묻혀 있다. 숨도 쉬기 어려울 것 같지만 모자 아래로 터져 나오는 웃음까지 막을 수는 없었다. 2018년에는 200벌 넘는 외투와 재킷을 모았다. 여동생 조시가 헤일리를 도와 옷들을 노숙인에게 나눠 주었다. 나중에 동생 조시는 벌집을 지어 시내에 전시했다. 벌들도 사람들의 보호가 필요하기 때문이었다.

헤일리는 누구나 머리 위에 지붕이 필요하다고 생각했기 때문에 노숙인을 위한 집을 지으려 했다. 어머니는 헤일리에게 로스앤젤레스 출신인 한 남자의 영상을 보여 주었다. 그는 노숙인을 위한 이동식 숙소를 짓고 있었다. 헤일리는 이 숙소를 모델 삼아 바퀴가 달린 작은 집을 구상했다. 2.4미터 길이에 1.2미터 폭으로 창문과 문이 있고 열쇠도 단, 성인이 잠잘 공간을 마련한 것이다. 헤일리는 시간이 날 때마다 작은 나무 집에 매달려 톱질을 하고 구멍을 내고 망치질을 했다. 첫 번째 나무 집은 여러 해 동안 알고 지낸 에드워드를 위한 것이었다. 헤일리는 집을 짓는 데 필요한 재료를 기부받고 기부금을 모아 이동식 숙소를 지었다. 이로써 종이 상자에서 잠자던 사람들이 비와 뜨거운 햇볕, 바람과 냉기 그리고 다른 사람들로부터 안전한 생활을 누리게 되었다. 이 작은 집은 노숙인들에게 고향이 되어 주었다. 헤일리의 부모는 관청에 연락해 숙소를 세워 둘 자리를 찾았다. 이동식 숙소는 자동차 한 대를 세울 공간이면 충분했다. 이때 교회가 도와 주기로 약속했다. 다음 두해 동안 이동식 숙소 열두 채가 마련되었다.

2016년 5월, 아홉 살이 된 헤일리는 디즈니 드림 빅 프린세스상을 받았다. 헤일리가 공동체를 위해 남다른 활동을 펼치며 헌신했기 때문이다. 헤일리는 활동 폭을 더욱 넓혔다. 헤일리는 미국에서 벌어지는 가정 폭력에 맞서 워크 어 마일 인 허 슈즈(Walk a mile in her shoes. 입장을 바꿔 생각해 보라는 뜻. 2001년 부터 열린 국제적인 행사로, 성폭력 예방과 성평등 의식을 확산하기 위해 행진한다. 남성 참가자들은 보통 굽이 높은 빨간 구두를 신고 행진한다 : 옮긴이) 시위에 참가했고 다음 해에도 연달아 참가했다. 그러고 나서 헤일리는 자기가 사는 도시에서 얼마나 많은 여성이 가정 폭력에 시달리는지 경찰에게 거듭 문의했다. 그리고 이 여성들이 가정 폭력을 피해 집을 나와야 할 때를 대비해 이동식 숙소를 지으려 했다.

헤일리의 활동과 열정이 함께 일하려고 모인 사람들에게 전파되었다. 크라우드 펀딩 캠페인을 열어 누구든 간단히 기부할 수 있게 했다. 헤일리는 노숙인을 돕기 위해 벌이는 모든 활동을 페이스북 헤일리의 추수(Hailey's Harvest)에 기록했다. 이 사이트에 게시되는 소식들은 감동적이다.

"노숙인에 대한 여러분의 헌신적인 사랑은 다른 사람들에게 큰 모범이 되고 있습니다. 저는 여러분이 해낸 일이 정말 자랑스럽습니다."
"넌 어둠 속 환한 빛과 같아. 넌 다른 사람들에게 미래를 위한 희망을 만들어 내고 있어."
"넌 천사야. 하나님의 축복이 임하기를."[95]

사람들은 저마다 5달러에서 100달러에 이르는 기부금을 냈다.

2018년 4월 4일, 인권 운동가 마틴 루터 킹의 서거 50주년을 기념해 헤일리는 페이스북에 이렇게 적었다.

> "마틴 루터 킹을 기념하기 위해 저는 여러분 모두를 초대합니다. 자신의 가능성을 활용해 변화를 만드는 일로요. 당신의 음식을 불우한 이들과 나누고, 나이 든 이웃을 도와 장바구니를 집까지 들어 주세요. 낯선 사람들과 친절하게 이야기 나누세요."[96]

2019년 2월 헤일리는 자신의 도시에서 유료 거주 공간을 확보하기 위해 상원 의원 크리스틴 롤페스를 만났고, 지역 신문과 텔레비전이 이 만남을 보도했다. 때때로 너무 잡다한 일들이 감당할 수 없이 많아지면 가끔 뒤로 물러나기도 했다. 2016년 11월, 여동생이 수술을 받았을 때 같은 경우다. 이제 다른 사람들이 헤일리를 염려하고 용기를 북돋우며 건강을 빌어 주고 격려했다. 사람들은 '스스로를 잘 돌보렴' 같은 글을 헤일리에게 보냈다.

2018년 성탄절, 헤일리와 가족은 기부받은 물품을 자동차에 가득 실었다. 따뜻한 옷가지는 선물로 포장했다. 이 역시 사려 깊은 행동이었다.

헤일리 포트는 다섯 살 때 처음으로 노숙인을 보았다. 헤일리는 어머니에게 그 사람을 도와도 되는지 물었다. 어머니의 허락을 받은 헤일리는 여가 시간에 노숙인을 위해 채소와 과일을 기르고 위생용품을 모으며 노숙인들을 위한 이동식 숙소를 짓기 시작했다. 헤일리는 더욱 인간적인 세상을 만들고자 애쓰고 있다.

"재미있는 일이에요. 다른 사람을 돕는 일은 저를 행복하게 해요."[97]

헤일리 포트가 앞장서 실천한 것처럼, 일단 마음의 눈을 뜨고 세상을 걷기 시작한 사람은 개선할 수많은 것들을 보게 된다. 헤일리는 세상을 보다 인간적인 모습으로 만들어 놓았다. 페이스북에는 이동식 숙소 앞에 있는 헤일리 사진이 보인다. 헤일리는 팻말을 높이 들고 활짝 웃고 있다. 그 팻말에는 '사랑이 이긴다'라고 쓰여 있다.

모든 사람은 행동할 수 있다. 나이가 어리든 많든 상관이 없다. 우리가 하는 일에 나이는 아무 상관이 없다.

조슈아 웡

—— 민주화 운동가 ——

"우리가 무엇을 위해 싸우는지는 간단하고 분명합니다.
다음 세대의 자유를 위해서입니다."[98]

대부분의 학생은 매일 학교에 다니면서도 수업에서 무엇을 가르치고 무엇을 가르치지 않는지, 왜 그것을 가르치는지 궁금해하지 않을 것이다. 하지만 오늘날 가장 유명한 홍콩 민주화 운동의 지도자 중 한 사람이자 권력층과 맞서 싸운 조슈아 웡은 정확히 열네 살 때부터 이 질문과 씨름했다.

2011년에 홍콩 행정부는 모든 학생에게 새로운 의무 과목을 가르치도록 결정했다. 이 과목은 스포츠나 수학 같은 것이 아니었다. 과목 이름은 도덕 민족 교육으로, 중국 정부의 요구로 홍콩 학교 수업에 도입되었다. 홍콩은 중국에 속해 있는 특별 행정 구역으로, 중국 정부로부터 홍콩이라는 도시의 권리와 자유를 부분적으로 보장받고 있었다. 이러한 체제는 홍콩의 역사에서 비롯되었다.

홍콩은 1843년부터 150년도 넘는 세월 동안 영국의 식민지였다. 영국군이 전쟁을 벌여 중국 남부의 중심지인 홍콩을 점령했다. 영국은 1997년에서야 비로소 홍콩의 중국 반환을 결정했다. 그러나 오랜 시간 동안 중국과 홍콩은 서로 다른 방향으로 발전해 왔다. 그래서 반환 이후에도 홍콩은 '하나의 국가, 두 개의 제도'를 모토로 50년 동안 홍콩의 경제와 내부 정치, 사회·문화적인 문제에 관해서 확실한 자율권을 보장받기로 했다. 홍콩에는 중국의 다른 지역보다 더 많은 언론의 자유가 주어졌다. 홍콩 시민들은 이런 자유를 유지하려 했지만, 중국 정부는 홍콩을 더욱 통제하려 했다.

이러한 상황이 맞물린 2011년, 조슈아는 새로운 교과에 대한 계획을 들었다. 그때 그의 머릿속에 경보음이 울렸다. 그는 중국 정부가 홍콩에 점점 더 많은 영향력을 행사할까 두려웠기에 새 과목을 '세뇌'라고 부르고 이에 저항하기로 결심했다. 그 당시 조슈아는 정치에 특별히 관심을 둔 학생이 아니었다. 영국의 《뉴 레프트 리뷰》와 진행한 인터뷰에서 자신은 정치적인 의견을 갖기 위해 책을 읽은 적이 단 한 번도 없다고 기억했다.

"다른 10대들과 마찬가지로 저는 비디오 게임을 했습니다. 오로지 인터넷을 통해서 정치를 배웠어요. 페이스북이 제 도서관이었죠."[99]

조슈아는 몇몇 친구들과 학민사조(2011년 5월 29일 설립된 홍콩의 학생 운동 조직. '학민'은 '학생과 시민'의 줄임말이다 : 옮긴이)라는 조직을 세웠다. 홍콩에서 자신의 활동을 드러내거나 정치적으로 활발히 활동하는 것은 당연한 일이 아니었다. 그러려면 많은 학생이 부모 세대와 충돌하는 위험을 감수해야 했다. 조슈아가 보기에 자신의 유년 시절 홍콩 문화는 무척이나 보수적이었고 개인의 성공에 관심이 쏠려 있었다. 언젠가 그는 사람이 어떻게 사회에 기여할 수 있는지 학교 교사에게 물었다. 교사는 학급을 향해 이렇게 대답했다.

"너희들이 커서 국제적인 대기업에서 일하고 부자가 되면 가난한 사람들에게 돈을 기부해 줘."[100]

교사의 대답은 조슈아와 학민사조에 길이 되지 못했다. 이들은 곧장 행동에 나섰고 목소리를 냈으며 주목을 받았다. 기차역에서, 인도에서 시위를 알리는 전단을 나눠 줬다. 많은 학생이 시위에 참여한 것은 중국이 가하는 '세뇌'에 맞서기 위한 것만이 아니었다. 학생들은 꽉 찬 시간표에 새로운 과목을 추가해 배우는 것이 버거웠다. 거대하고 정치적인 질문 외에 아주 단순한 학업 부담 또한 문제였다.

어느새 조슈아는 학민사조 활동을 위해 하루 종일 일했다. 몇 주가 지나고 몇 달이 흐르면서 홍콩의 활동가들은 확성기를 들고 거리를 누볐다. 무엇보다 조슈아는 뛰어난 연설가로 사람들의 마음을 사로잡는 힘이 있었다. 학민사조는 새로운 교과목에 반대해 청원도 준비했다. 열흘 안에 10만 명이 서명했다.

2012년 여름, 새 학년이 시작되기 직전 학민사조는 홍콩 정부 청사 건물

앞의 광장을 점거했다. 이들은 텐트를 치고 테이블을 세우고 대형 천막을 쳤다. 많은 이들이 맨바닥에 신문을 펼치고 잠을 잤다. 점거 둘째 날 홍콩 정부의 수장인 행정 장관은 학생들을 멀찍이 바라만 볼 뿐 마주하려 하지 않았다. 그사이 조슈아가 행정 장관에게 자신의 의견을 말하는 장면이 인터넷을 통해 퍼졌다. 어린 학생이 권력자에게 용감하게 맞선 것이다. 점거는 계속되었고 비가 내렸으며 모든 것이 불편해졌다. 참가자가 점점 더 줄어들었다. 그런데 믿기지 않는 일이 일어났다. 기적 같은 일이었다. 갑자기 많은 사람이 모여들었다. 처음에는 4000명이었다가 곧 12만 명으로 불어났다. 홍콩 정부는 방침을 바꾸어 새로운 교과목을 수업할지 말지 학교 재량에 맡겼다.

학생들은 자신들이 사회를 변화시킬 수 있음을 증명해 냈다. 학생들은 더 많은 것을 원했다. 2014년 홍콩은 새로운 저항으로 들끓었다. 이번에는 선거권에 관한 것이었다. 2017년 홍콩 주민들은 선거를 통해 홍콩인을 대표자로 선발해야 했다. 그런데 중국 정부는 선거에 출마할 입후보자들이 중국 정부의 사전 선발을 통과해야 한다고 결정했다. 얼핏 보면 이러한 결정은 자유를 약속하고 진정한 민주주의를 보장하는 데 아무 문제도 되지 않는 것 같았다. 사람들은 자신들이 최고라고 여기는 후보자에게 투표할 수 있었기 때문이다. 단, 중국 정부가 수용할 수 있는 사람이어야 했다.
조슈아는 사전 선거에 대한 저항의 표시로 중고등학생과 대학생의 수업 거부를 조직해 냈다. 한 인터뷰에서 그는 이렇게 말했다.

"우리 부모님은 우리가 수업을 거부해 미래를 망치고 있다고 말합니다. 그렇지만 이러한 정치 체제 아래에서 우리는 어떤 미래를 갖게 될까요? 학생들은 어른들끼리 모든 규칙을 정할 수 없음을 어른들에게 보여 주어야만 합니다."[101]

2014년 9월에 몇몇 시위대는 학생들이 2년 전 점거했던 정부 청사 광장으로 몰려들었다. 조슈아도 함께했다. 그는 체포되었고 약 이틀간 경찰서에 억류되었다. 곧 홍콩 중심지가 시위대에 점거되었고 거의 80일 동안 시위가 이어졌다. 경찰이 쏘아 대는 최루 가스 때문에 시위대는 우산으로 몸을 보호했다. 그래서 노란 우산은 저항의 상징이 되었다. 이러한 장면은 보는 이들에게 강렬한 인상을 남겼고 세계로 퍼져 나갔다. 홍콩 구석구석의 골목마다 시위하는 사람들로 넘쳐 났다. 시위 때마다 우산이 등장했고 정치적인 상징으로 탈바꿈했다. 선거권은 중국 정부가 원하는 대로 끝까지 유지되었다.

조슈아는 지금도 저항의 대표 인물로 남아 있다. 그는 시키는 대로 하지 않고 신념과 민주주의의 자유를 향해 나아가는 세대를 대표한다. 이후 조슈아는 몇 개월 동안 투옥되었다.

전 세계의 미디어는 정치 참여를 이끌어 유명해진 한 소년에 대해 보도했다. 틈만 나면 컴퓨터 게임에 빠져들던 고등학생이었지만, 어느새 중국 정부에 맞서 당당하게 항의하는 인물이 되었다. 2014년의 저항 운동 이후 런

조슈아 웡은 1996년 10월 13일 홍콩에서 태어났다. 그는 열네 살에 학생 운동을 조직했다. 새로운 교과목의 도입에 반대해 중국 정부에 맞섰다. 후에 그는 홍콩의 민주화 운동에 가장 큰 영향력을 끼친 인물이 되었다.

던의 《타임스》는 조슈아를 '올해의 젊은이'로 선정했다. 미국의 《타임》도 그를 2014년의 가장 영향력 있는 청소년 25명에 꼽았다. 넷플릭스에는 조슈아에 관한 영화도 올라왔다. 2016년에 그는 다른 젊은 활동가들과 함께 정부에 비판적인 정당 데모시스토를 세웠다. 조슈아 웡은 데모시스토의 사무총장이 되었다. 오늘날까지도 그는 전 세계를 돌며 그를 움직이게 한 자유와 민주주의에 관해 이야기한다.

모든 것은 조슈아 웡이 학교에서 본래 무엇을 배워야 하는지 질문한 데서 시작되었다.

자유와
민주주의를 위하여

줄리아 블룸

— 신체 이미지 왜곡을 막는 활동가 —

*"우리에게는 현실적인 이미지가, 여자아이들이
정말 어떻게 생겼는지를 보여 주는 이미지가 필요해요."*[102]

가슴에 손을 대고 생각해 보자.

나는 스스로 예쁘다고 생각하는가? 나는 어디에 관심을 두는가? 내가 좋아하는 것에? 아니면 내 눈에 거슬리는 것에?

통계 자료 포털 슈타티스타는 독일에서 진행한 조사 결과를 발표했다. '당신의 외모에 얼마나 만족합니까?'라는 질문에 11~13세 남자아이 71퍼센트는 매우 만족하거나 만족하는 편이라고 답했다. 이에 비해 같은 연령의 여자아이는 58퍼센트만이 그렇다고 했다. 14~15세의 경우 남자아이는 65퍼센트가 여자아이는 56퍼센트가 긍정적으로 답변했다. 16~17세 여자아이는 55퍼센트만이 그렇게 대답했다. 같은 연령대의 남자아이 가운데 72퍼센트가 여전히 매우 만족스럽거나 만족스러운 편이라고 답한 것과 대조적이다.

이상적인 아름다움은 나라나 문화에 따라 다르지만, 한 가지 사실만큼은 공통적이다. 자기 외모에 만족하는 청소년은 극히 일부에 지나지 않는다는 것이다. 대개는 스스로가 너무 뚱뚱하거나 너무 말랐다고, 너무 크거나 너

무 작고 볼품없다고 여긴다. 유감스럽게도 완벽한 슈퍼맨과는 거리가 먼 모습이다. 어디를 보든 문제투성이다. 도대체 왜 그럴까? 줄리아 블룸과 친구인 이지 라베는 그 까닭이 궁금했다.

"사춘기에 접어들어 몸의 변화를 겪으면서 자기 모습을 못 견디는 친구들을 많이 보았죠. 친구들은 잡지에 나오는 모델들과 자신을 비교하기 시작했어요. 어렸을 때부터 알아 온 친구들이 부정적인 소용돌이에 빠져 점점 더 자의식을 잃어 가는 모습을 바라볼 수밖에 없어서 슬펐어요."[103]

이런 식의 악순환은 세계 곳곳에서 비슷한 방식으로 이뤄진다. 여자아이는 자신을 다른 사람과 비교하면서 점점 더 움츠러든다. 자의식이 형성될 기회를 얻기도 전에 내동댕이쳐진다.

이런 과정은 꽤나 복잡하다. 줄리아와 이지는 문제를 더욱 정확히 알려 했고 동급생들에게 설문 조사를 시작했다. 그리고 그 결과를 보고 놀라지 않을 수 없었다. 사춘기를 겪기 때문이거나 거울 앞에서 지나치게 까다롭게 자신을 바라보기 때문이 아니었다. 근본적인 문제는 외부의 시선, 바로 신문, 잡지, 특히 광고가 드러내는 시선이었다. 미디어는 무엇이 아름다운지 결정한다. 다리가 길고 군살이 하나도 없으며 결점 없는 피부를 지녀야 아름다운 것이다. 모델들의 외모는 고정 관념을 끊임없이 만들어 내는 데 이

용된다. 사진 속 모델들은 완벽하다.

줄리아와 이지는 간단한 질문을 던졌다. 이런 사진들이 정말 사실인가? 청소년들이 정말 이렇게 생겼는가? 그렇다면 우리는 어째서 여드름 투성이에 다이어트라면 물불 가리지 않는 청소년들을 알고 있나?

이 둘은 번쩍거리는 사진들이 사실과 거의 일치하지 않는다고 결론 지었다. 모델들도 다른 여자아이들과 똑같이 외모에 대한 문제를 갖고 있다. 그저 포토샵으로 빼고 더하며 보정되었을 뿐이다. 그러므로 그 사진들은 가짜다. 그럼에도 영향력은 강력하고도 위험하다. 이런 반짝이는 사진들은 전 세계를 지배하는 이상적인 아름다움으로 자리 잡아 미적 다양성을 해치기 때문이다. 청소년들은 사진에서 연출된 이미지를 따라 하려 애쓰면서 있는 그대로의 자기 모습에 만족하지 못한다. 청소년들은 사진 속의 아름다움을 따라 나비처럼 부드럽고 그림처럼 아름다워지고 싶어 한다.

이러한 강요된 이미지야말로 근본적인 문제였다.

미국에서 진행된 한 설문 조사 결과가 흥미롭다. 여자아이들에게 겨우 3분 동안 보정된 잡지 사진들을 보여 주고 조사를 진행했는데, 여자아이 네 명 가운데 세 명이 자신의 외모에 만족하지 못했다. 여자아이와 여성의 가치를 번번이 외모에 두고 성적으로 대상화하는 현실에서, 여성은 외모를 비교하고 스스로를 낮게 평가하며 악순환에 순식간에 빠져들고 있다.

줄리아와 이지는 미디어를, 특히 청소년을 겨냥한 잡지를 살펴보기 시작했다. 둘은 사진 속 여자아이들이 더 사실적으로, 더 꾸밈없이 보이게 하는 데 앞장섰다.

처음에 둘은 디지털 기술로 완벽하게 보정된 사진들을 봐도 별로 예민하게 반응하지 못했다. 이지는 자신감이 넘쳤기 때문이라고 했다. 반면 줄리아는 여러 해 동안 발레를 하며 아주 예쁘고 말라야 한다는 사람들의 요구를 잘 알고 있었다. 하지만 줄리아에게는 다른 이상형이 있었고, 그에게 열광하고 있었다. 바로 미스티 코플랜드였다. 그는 아메리칸 발레시어터의 수석 발레리나로, 발레단에서 활동한 최초의 아프리카계 미국인이었다. 근육질에다 운동 능력이 뛰어났고 완전히 새로운 유형의 춤꾼이었다.

줄리아와 이지는 미디어가 여자아이들에게 어떤 영향을 미칠지를 생각하여 가공된 사진들을 매우 비판적으로 바라보기 시작했다. 여자아이들의 머릿속에 다른 이미지가 뿌리내려야 했다. '여자아이들에게 진짜 여자아이를 보여 달라!(Give Girls Images of Real Girls!)'라고 주장하는 일이 시급했다.

줄리아와 이지는 이러한 주장을 담아 2012년 4월에 체인지닷오아르지(change.org)에서 온라인 청원을 시작했다. 그리고 미국의 영향력 있는 소녀 잡지 가운데 하나인 《세븐틴》에 더 이상 보정된 모델 사진을 싣지 말라고 요구했다. 둘은 같은 학교 학생들을 인터뷰하며 《세븐틴》에 관한 의견을 물었는데 또 한 번 당황하지 않을 수 없었다. 이 잡지를 비판적으로 보는 학생이 거의 없었기 때문이다. 학생들은 잡지에 실린 사진에 무방비로 노출되어 자기도 모르게 기분을 망쳐 버렸다. 자기들이 잘못된 것이 아니라 사진들이 잘못되었다는 생각을 조금도 하지 못했다. 줄리아와 이지는 청원을 통해 사람들의 민감한 부분을 건드렸다. 며칠 만에 세계 곳곳에서 2만 5000명이 넘는 사람들이 서명했다. 곧이어 5월 초에 줄리아는 뉴욕으로 초대받았다. 텔레비전 방송 시엔엔과 에이비시 나이트라인이 '여자아이들에게 진짜 여자 아이를 보여 달라!' 캠페인을 소개해 달라고 했을 때, 줄리아와 이지는 캠페인의 성공을 실감할 수 있었다.

줄리아는 뉴욕에서 스파르크의 팀 대표들과 만나 《세븐틴》 본사 앞에서 시위도 벌었다. 스파르크는 줄리아가 열세 살부터 활동한 여성주의 단체이다. 줄리아가 뉴욕에서 활약하는 동안 이지는 집에서 블로그 활동을 통해 캠페인의 새로운 경과를 보고했다.

"무엇보다 저는 태어나서 처음으로 뉴스를 시청했어요." 하고 이지가 웃으면서 설명했다. [104]

캠페인과 청원이 이뤄지는 동안 미디어는 계속 도움을 주었다. 이전의 미디어들은 불가능한 아름다움이 이상적인 것처럼 거짓 이미지를 만들고 뿌려 댔지만, 이제는 두 친구에 대해 보도했다. 이로써 더 많은 사람에게 둘의 활동이 알려졌다. 이들이 펼친 활동은 제자리에 머무르지 않았다.

2012년에 줄리아는 8만 6000명이 넘는 이들의 서명을 받아 《세븐틴》에 전달했다. 반응은 즉각적이었다. 《세븐틴》 8월호에서 앤 쇼킷 편집장은 이렇게 발표했다.

줄리아 블룸은 열네 살 때 모델의 보정된 이미지에 맞서 싸우기 시작했다. 2012년 4월에 줄리아는 친구인 이지 라베와 함께 미국의 가장 영향력 있는 소녀 잡지 가운데 하나인 《세븐틴》에 대한 청원을 시작했다. '여자아이들에게 진짜 여자아이를 보여 달라!' 캠페인은 8만 6000명의 서명을 받았고, 이후 《세븐틴》의 편집 전략을 바꿔 놓았다.

"우리는 여자아이들의 몸이나 얼굴을 조금도 보정하지 않고 잡지 지면을 통해 모든 종류의 아름다움을 연출하겠습니다."[105]

편집장은 독자들이 무대 뒤까지 살펴볼 수 있게 촬영 장면도 찍어 잡지에 싣기로 약속했다.

줄리아와 이지는 이 경험을 결코 잊지 못할 것이다. 둘은 문제를 인식하고 그 원인을 파헤쳐 캠페인을 벌였고, 마침내 승리를 얻어 냈다. 미국 메인주 출신인 열네 살의 두 친구는 참을 수 없는 상태를 개선했다. 이제 이들은 다른 청소년에게도 능동적으로 생각하고 행동하라고 격려하고 있다.
2013년 1월에 줄리아는 이렇게 말했다.

"어디에서 시작해야 할지 모른다는 것이 큰 문제일 거예요. …… 그럼에도 저는 이렇게 말하고 싶어요. 뭔가 하라고, 스스로 하라고요. 성공할지 어떨지 확신할 수 없더라도요. 꼭 바꾸고 싶은 무언가가 있다면 시도해 보세요."[106]

이 둘이 전하는 메시지는 이렇다. 인터넷을 둘러봐라! 함께 행동하라! 활동이나 단체에 참여해라! 불편해져라! 무언가를 바꾼다는 것은 절대 나이의 문제가 아니며 성별의 문제는 더더욱 아니다.
줄리아는 남자아이들에게도 한결같이 말한다.

"남자아이들은 연출된 여자아이들을 봅니다. 남자보다 덜 강하고 덜 중요한 여자아이들이죠. 여자아이들은 수동적으로 연출되거나 성적으로 대상화됩니다. 이러한 시선은 누군가에게 고통을 줄 수 있습니다. 남자아이들도 미디어에 질문을 던지고 발언하는 것이 중요합니다. 이러한 연출이 현실적이지 않다고요. 자기가 학교나 동네에서 만나는 여자아이들은 이렇게 생기지 않았다고요. 그리고 미디어를 언제나 믿을 수 없다는 것을 이해해야 합니다."[107]

줄리아는 또 다른 청원을 시작했다. 《틴 보그》에 디지털로 보정된 사진들을 그만 싣게 하기 위해서다. 줄리아는 여자아이들의 사진을 보정하며 연출하는 것에 주의를 기울이고, 긍정적인 몸에 대한 의식을 불러일으키려 한다. 그는 블로그를 통해 이러한 활동을 계속 펼치고 있다.

> **여자아이들에게 진짜 여자아이를 보여 달라!**

주변에서 호의적인 시선을 받지 못하더라도, 있는 그대로의 자신을 아름답다고 여기는 연습이 중요하다. '사랑으로 바라보는 것이 아름답다'라고 말한 독일의 시인 크리스티안 모르겐슈테른이 120년 전에도 이미 알고 있던 것이다.

당장 오늘부터 시작하라. 그것이 최선이다.

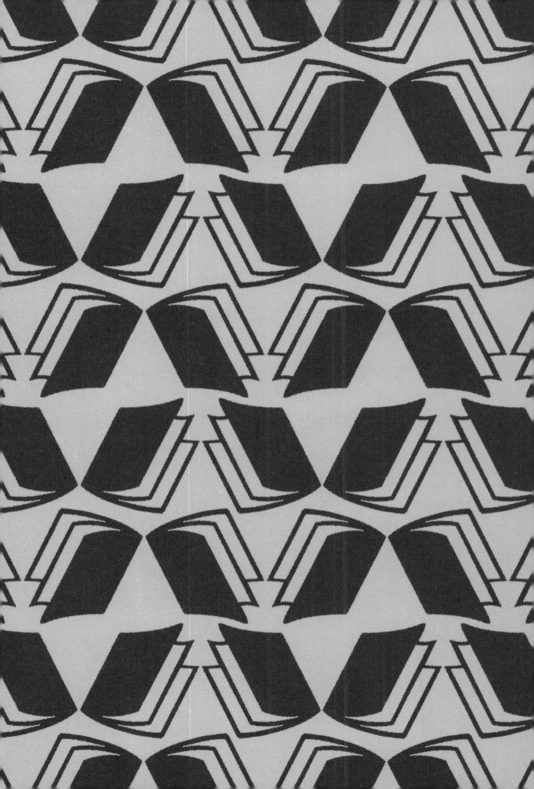

야콥 슈프링펠트

——— 기후 활동가, 우익 반대 활동가 ———

"'미래를 위한 금요일'에 참가한 뒤로 저는 우파들의 공격을 받았어요.
우파들은 길에서 저에게 침을 뱉고 욕을 하며 시비를 걸어왔죠.
조심하지 않으면 안 될 상황이라 저녁에 혼자 외출하는 일은 거의 없어요.
이런 현실이 슬프긴 하지만, 더욱 굳세게 나아가자고 다짐하곤 해요."[108]

인간은 어떻게 정치적인 존재가 될까? 어떻게 사회적인 질문에 관심을 두기 시작할까? 언제부터 국가와 사회가 더 잘 돌아갈 방법을 고민하기 시작할까? 왜 무엇인가를 직접 바꾸려고 마음먹을까?

2015년 여름은 야콥 슈프링펠트에게 특별했다. 이 해를 계기로 야콥은 정치적으로 생각하는 청소년이 되었고 몇 년 후에 여러 신문에 보도되었다.

그해에 많은 사람이 독일로 왔다. 전쟁과 폭력과 가난을 피해 앞이 보이지 않는 미래로부터 도망쳐 왔다. 이들은 가지고 있던 것을 거의 남겨 둔 채 위험천만한 도주를 시도했다. 보트를 타고 바다를 건너거나 걸어서 숲을 통과하고 산을 넘었다.

독일로 온 피난민들은 머리 위를 덮어 줄 지붕이 필요했다. 이들은 응급 숙소에서 묵었다. 작센주의 츠비카우에도 난민이 이주해 왔고, 그중 몇몇은 야콥의 집 근처에 있는 체육관에 묵었다. 야콥과 가족들은 식탁에 앉아 연이은 피난 행렬에 대해 많은 이야기를 나눴고 어떻게든 그곳에 새로 온 사람들을 도와야 한다고 생각했다. 그리고 좋은 방법을 하나 찾아냈다. 교회에서 일하는 야콥의 어머니가 교회 공간을 개방해 열세 살짜리 난민 소년 한 명과 그의 아버지, 그 밖에도 알고 지내는 난민을 몇 명 초대했다. 같이 탁구를 치며 그들에게 평범한 일상을 돌려주고 싶어서였다. 삶이 무너진 이들에게 일상을 되찾는 것은 너무나 중요했다. 또한 야콥은 학교에서 정한 '이웃과 함께하는 날'을 맞아 친구들과 함께 난민과의 만남을 주선했다.

모두가 야콥의 생각과 활동을 지지한 건 아니었다. 특히 자기 부모에게 영향을 많이 받은 몇몇 학생은 선입견을 갖고 낯선 사람들을 대했다. 그래도 난민 아이들과 독일 아이들이 함께 모여 이야기하면서 서로를 좀 더 알아 가고 친구가 되었다. 이 경험은 야콥에게 깊은 인상을 남겼다. 어려도 세상을 바꿀 수 있다는 사실을 알았다. 자신의 신념을 지키기만 하면 된다.

야콥은 츠비카우 근처 도시 켐니츠에서 네오나치(네오나치 또는 신나치주의자들은 2차 세계 대전이 끝나고도 1945년 이전 독일의 국가 사회주의 이념에 묶여 있다. 네오(néos)는 그리스어로 '새로운' 것을 가리킨다. 다시 말해 네오나치는 '새로운 나치'라는 뜻이다. 네오나치는 외부인을 적대시하며, 자기에게 낯선 것들을 무가치하다고 여긴다. 예를 들어 장애인, 성소수자, 노숙인을 혐오하며 민주주의가 아닌 독재를 원한다. 이들은 이른바 '극우 세력'이다) 시위에 반대하는 저항 행동을 계기로 더 많은 변화를 경험했다.

"터지면 위험하기 짝이 없는 폭죽이 제 옆에 떨어졌어요. 이 일은 제게 정치적인 각성을 강렬하게 불러일으켰죠. 그 순간 '대체 무슨 일이 일어난 거지? 츠비카우에서 뭔가 시작해야겠어'라고 생각했어요."[109]

이런 일이 사실일 수 있을까? 우익 반대 시위대에 폭발성 폭죽을 던지는 일이 오늘날 독일에서 벌어질 수 있을까?

야콥은 질문을 던지는 데서 그치지 않고 정치적으로 행동하는 청소년이 되었다. 먼저 그는 츠비카우에서 녹색 청소년(Grüne Jugend)이라는 단체를 만들었다. 이 단체는 동맹 90/녹색당(Bündnis 90/Die Grünen. 환경 정책을 중점에 둔 독일 정당. 서독에서는 1980년 1월 12일과 13일 카를스루에에서 녹색당이 창당되었고, 동독에서는 정치적 격변기인 1989년 가을에 '평화와 인권을 위한 국민 발기', '오늘의 민주주의', '새 포럼'이 힘을 합해 동맹 90을 결성했다. 1990년 독일 연방 의회 선거 이후 동독 녹색당과 서독 녹색당이 합쳐져 독일 연방 의회에 진입했다. 1993년에 녹색당은 동맹 90과 합쳐졌다)의 청소년 조직이다. 야콥은 곧이어 여자 친구와 함께 '미래를 위한 금요일'(미래를 위한 글로벌 기후 파업(Global Climate Strike for Future)과 기후를 위한 학교 파업(School Strike for Climate)의 일환으로 기후 행동에 나선 세계 청소년들의 연대 모임)의 시위를 주관하는 켐니츠의 지역 단체로 향했고 곧 츠비카우의 청소년들에게 '미래를 위한 금요일' 시위를 함께하자고 설득했다. 기차역에 선 야콥은 자신의 눈을 믿을 수가 없었다. 300명이나 되는 사람들이 자신의 촉구에 응했다.

야콥은 열일곱 살에 츠비카우의 '미래를 위한 금요일' 단체 공동 설립자가 되었다. 그사이 그의 삶 대부분은 사회적인 참여와 헌신으로 채워져 있었다. 그전에 그는 연주를 즐겼고 트럼펫을 불었으며 음악 콩쿠르에 참가했다. 이제 야콥은 학교생활과 음악 활동을 위해 많은 시간을 많이 낼 수 없었

다. 하지만 어떻게든 이 모두를 잘 해내고 있었다. 그는 츠비카우에서 '미래를 위한 금요일'과 시위를 조직했고 쓰레기 수거 활동도 시작했다. 현재는 츠비카우 시의 기후 보호를 촉진하기 위해 시 담당 기후 매니저의 역할을 맡아 활동하고 있다.

사람들은 야콥의 이야기에 더 주의를 기울였고, 야콥은 점점 더 많은 관심을 끌어냈다. 그러나 그가 모은 관심과 주의가 야콥 개인에게 좋게만 작용한 것은 아니었다. 츠비카우에서 네오나치가 활발하게 활동했기 때문이었다. 이들은 외국인에게 적대적이고 인종 차별을 내세울 뿐 아니라 '미래를 위한 금요일' 활동으로 주의를 끄는 기후 활동가에게도 대단히 적대적이었다. 야콥은 점점 더 극우 세력의 표적이 되었다. 이전에도 '난민을 환영합니다(Refugees Welcome)'라고 쓰인 스웨터를 입었다는 이유만으로 협박을 받은 적이 있었다. 거리에서 누가 야콥에게 침을 뱉었고 클럽 축제에서 시비를 거는 사람도 있었다.

우파 정당의 추종자들은 금요 시위에도 나타나 스피커를 들고 시위하는 청소년들에게 몰려들거나 시위 참가자들의 사진을 찍어 인터넷에 게시했다. 그러고는 다음과 같은 문구로 위협했다.

"네가 더는 오래 숨 쉬지 않기를 바라."[110]

야콥은 이러한 협박이 두려웠다. 말이 씨가 된다는 것을, 좋은 행동만 불러오지는 않는다는 것을 너무 잘 알고 있었기 때문이다.

더 이상 저녁에 혼자 외출하지 않았지만 그렇다고 이런 협박에 무릎 꿇고 싶지 않았다. 야콥은 자신이 어떤 협박을 받았는지 공개했고 수많은 사람의 연대를 경험했다. 사람들은 야콥과 '미래를 위한 금요일'이 츠비카우에서 활동하는 것을 중요하게 여겼다. 계속되는 협박에도 청소년들은 용기를 내어 시위를 방해하는 이들에게 맞섰고, 이 용기는 서로에게 전해졌을 뿐 아니라 다른 사람들에게도 모범이 되어 더 왕성한 참여를 끌어냈다.

한 인터뷰에서 야콥은 이렇게 말했다.

"많은 사람이 파시즘에 대해 거부감을 느끼고 있었어요.(반파시즘은 파시즘의 모든 형태에 맞서는 정치적 운동과 신념을 지칭한다. 1920년대 이탈리아의 파시즘에 대한 저항, 2차 세계 대전 당시 독일 국가 사회주의에 맞선 항쟁, 또는 유럽과 라틴 아메리카에서 이와 비슷하게 저항한 정치 세력을 뜻한다. 오늘날 이 용어는 신나치즘, 신파시즘, 극우 및 전 세계적인 뉴라이트에 적극적으로 반대하는 운동을 가리킨다) 우리 지역에서야말로 파시즘에 반대하는 움직임이 더 필요하다고 생각했어요."[111]

우파의 협박은 그들이 기대했던 것과 정반대의 효과를 불러왔다. 그들은 사람들을 압박할 수 없었다. 서로 지지를 보내는 사람들은 활동을 계속해 나

야콥 슈프링펠트는 열일곱 살에 많은 사회 운동을 펼쳤다. 그는 츠비카우의 '미래를 위한 금요일' 단체를 만들었고 우파에 맞서 시위를 조직했다. 그는 우파로부터 끝임없는 협박에 시달렸지만, 참여하는 사람이 뭔가를 바꿀 수 있다는 사실을 잘 알고 있다.

갔고 그 수는 점점 더 불어났다.

야콥은 여러 활동에 많은 힘을 쏟았고 좋은 결과를 얻었다. 그사이 야콥은 기후 보호뿐 아니라 극우에 맞서는 활동에도 참여했다. 야콥에게 정치적으로 행동하는 청소년이 된다는 것은 다양한 문제들을 함께 고민한다는 뜻이었다.

그의 고향 츠비카우는 극우 세력이 저지른 비극으로 유명한 곳이었다. 그렇기에 극우파에 맞서 싸우기에 알맞은 지역이기도 했다. 이곳에는 극우 테러 집단인 국가 사회주의 지하 조직(줄여서 NSU라고도 한다. 이 조직은 2000년부터 2007년 사이에 열 명을 살해했다. 희생자들은 모두 터키나 그리스에서 와 독일에서 오래 거주한 이민자였다. 경찰은 한동안 우익 극단주의자들의 범죄 가능성을 염두에 두지 않고 다른 범죄 조직에 희생되었다고 믿었다. 이러한 경찰의 오판이 뒤늦게 밝혀지면서 시민의 분노를 샀다. 조직 구성원은 지하에서 지내며 지지자의 네트워크에 의지해 살고 있었다. 지금까지도 모든 구성원의 정체가 밝혀지지는 않았다)의 구성원이 세 명 숨어 있었다. 국가 사회주의 지하 조직의 첫 번째 희생자는 뉘른베르크 출신의 엔버 짐섹이었다. 그를 기리기 위해 츠비카우에 나무 한 그루가 심겨 있었다. 그러나 누군가 그 나무를 톱질해 베어 버렸고 이로써 우파 테러의 희생자를 모욕했다. 이는 뒤이어 살해된 피해자들까지 모욕한 셈이다. 오늘까지도 범인은 제대로 밝혀지지 않았고 피해자들은 여전히 고통받고 있다.

디 타게스테멘(Die Tagesthemen. 독일의 가장 영향력 있는 공영방송 체트데에프(ZDF)의 주요 뉴스 프로그램이다 : 옮긴이)은 츠비카우의 혐오 범죄를 경고하는 기념물이 훼손된 것을 보도했고, 이러한 공격은 단번에 독일 전역에서 큰 화제가 되었다.

정치가들은 충격을 감추지 못하며 질문했다. 이 나라에 대체 무슨 일이 벌어진 것이냐고. 어떻게 사람들이 어깨를 한 번 으쓱하고 나서 아무렇지도 않게 우파와 극우파를 점점 더 편들 수 있냐고. 우파가 늘어나는 현상을 어떻게 정당화할 수 있냐고. 어떻게 끝도 없이 인간을 무시하고, 인종 차별주의적인 발언을 멈추지 않으며, 유대인을 배척하는 말들을 내뱉는 정당의 정치가들이 모든 주 의회와 중앙 의회에서 의석을 확보할 수 있냐고.

인터넷과 거리에서 볼 수 있듯이 사회는 점점 더 증오로 넘쳐 나고 있다. 많은 사람은 폭력 앞에서 더 이상 놀라지 않는다. 특히 보호가 더 많이 필요한 약자들에게 가해지는 폭력에도 무감각해지고 있다.

흔히 우경화라고 불리는 이러한 양상 앞에서 사람들은 두려움에 빠져들곤 한다. 자신을 빙 둘러 사방으로 벽을 치고 자신에게만은 나쁜 일이 일어나지 않기를 바라면서 정치적인 질문을 외면한다. 그러나 이런 사람들과 달리 정치적인 질문을 끌어안고 필요하면 움직이는 사람들도 있다. 이들은 지금이 바로 그때라고, 내가 살고 싶은 사회가 어떤 모습일지는 내 손에 달려 있다고 생각하고 행동한다.

야콥은 후자를 택했다. 혐오 범죄를 경고하는, 나무가 훼손된 사건을 무관심하게 넘겨 버릴 수 없었기 때문이다. 나무는 야콥이 다니던 학교 근처에 있었는데, 그때까지 그 나무가 있었는지조차도, 무엇을 위해 서 있었는지도 몰랐다. 그는 기억의 장소가 파괴되고 나서야 공공의 관심이 모아진 것이 부끄러웠다. 야콥은 의미 있는 행동을 하려 했다. 그래서 친구들과 함께 다른 학생들에게 행동을 호소하는 글을 썼다.

"우리는 우리 도시를 이런 이미지로 굳어지게 하고 싶지 않아. 그러니 의미 있는 행동을 하자. 내일 점심시간에 학교 앞에 모여 훼손된 추모 장소로 걸어가자. 1분 동안 멈춰 침묵하고 각자 가져온 꽃을 추모 장소에 놓자. 우리는 생각이 다르며 이런 식의 파괴를 결코 받아들일 수 없다는 것을 보여 주자. 이 도시의 학생으로서 이런 일을 아무렇지 않게 수수방관하면 안 돼. 함께 와서 평화를 향한 의지와 용기를 보여 줘. 어쩌면 몇몇 선생님들이 함께하실지도 몰라."[112]

교사들도 함께했다. 야콥의 독일어 선생도 있었다. 교장도 함께했다. 그리고 무엇보다 100명이 넘는 학생들이 함께했다. 많은 참가자가 꽃을 가져왔고, 특히 노랗게 빛나는 해바라기를 가져와 기념 장소에 놓았다. 청소년들은 츠비카우가 나치와 관련해 문제를 안고 있다는 사실에 주목했다. 그들은 자신들이 그토록 원하던 것, 츠비카우는 나치에 의해 주도되지 않으며 다양하다는 사실을 보여 주었다.

이러한 저항의 사진이 독일 전역으로 퍼졌다. 소셜 미디어에서 사람들은 감사를 표시했다. '너희들은 정말 멋진 학생들이야.', '너희들이 희망을 보여줬어. 정말 고마워!' 같은 글이 올라왔다.

신문들이 야콥과 학생들에 대해 앞다퉈 보도했고, 《디 차이트》의 주말판에는 야콥의 이름이 동독 지역에서 가장 중요한 청년 100인에 올랐다. 한 기념 행사장에서 야콥은 독일 수상 앙겔라 메르켈을 만나 교육 및 기록 센터를 세워 달라고 요구했다. 야콥은 학생들과 작센주 츠비카우의 현실을 토론할 장소를 원했기 때문이다. 이는 츠비카우에서 우파에 맞서 활동하는 다른 활동가들의 요구이기도 했다.

야콥은 정치에 참여하면서 다시 한번 잊지 못할 경험을 했다. 세상에는 순응하지 않으려는 사람들이 많으며 뭔가 바꾸려는 사람은 혼자가 아님을 깨달았다. 모두가 함께하면 더욱 강해진다. 작센주의 주 정부도 동참하여 센터 건립을 지원했다.

"정치가 얼마나 생활과 밀접한지를, 또 사람들이 얼마나 많은 것을 이뤄낼 수 있는지를 깨달은 시점이었습니다." 하고 야콥이 말했다.

"우리가 현실 정치를 압박하여 실제로 변화가 생겨났습니다. 민주주의는 바로 이와 같아야 합니다."[113]

고등학교를 마치고 야콥은 독일 중남부 도시 할레에서 학업을 이어 가겠지만 학업을 마치고 츠비카우로 돌아오려 한다. 자신이 자라난 도시에는 바로 세울 일이 많기 때문이다.

"저는 관대하고 개방적이며 용감한 사회를 꿈꿔요. 지금 사회는 많은 부분에서 너무 조용합니다. 저는 더 많은 이들이 사회에 참여하기를 바랍니다. 더 많은 이들이 사회가 부정적으로 변해 가는 것을 외면하지 않고, 능동적이고 다양한 방식으로 맞서길 꿈꿉니다."114

야콥 슈프링펠트는 변화를 끌어내는 사람들 가운데 한 명이 되려 한다. 사람이 뭔가를 바꿀 수 있다는 것을 잘 알기 때문이다.

사람들이 자신의 신념을 지키기만 하면 된다.

푸시 라이엇

— 여성주의적, 반정부적, 반교회적, 펑크 록 밴드 —

"감시를 지시하고 죄수를 수송하는 사람에게 힘이 있는 것이 아니다.
힘은 자신의 두려움을 극복한 사람에게 있다."[115]_나데즈다 톨로코니코바

이들의 이야기에는 '무언가를 위한 투쟁'이 담겨 있다. 표현의 자유를 위한 투쟁이자 여성과 예술의 자유를 위한 투쟁이다. 동시에 '무언가에 맞선 투쟁'이기도 하다. 권위와 독단에 맞선 투쟁이자 보수적인 사회 구조에 맞선 투쟁이고 권력과 권력 남용, 즉 러시아 대통령 블라디미르 푸틴의 정치에 맞선 투쟁이기도 하다. 푸시 라이엇(Pussy Riot)의 이야기는 이런 투쟁에 크게 이바지한 이들의 이야기이자 아직 끝나지 않은 이야기다.

이야기의 중심에는 젊은 세 여성 마리아 알료히나, 나데즈다 톨로코니코바, 예카테리나 사무체비치가 서 있다. 마리아는 모스크바에서 언론학을 전공했고 환경 프로젝트에 참여하며 정신병을 앓고 있는 어린이들을 위해 활동했다. 나데즈다는 열여섯 살에 모스크바에서 철학을 전공했고 열여덟 살에 예술가 집단 보이나(Wojna, 폴란드어로 전쟁이라는 뜻)의 구성원이 되었다. 그곳에서 나중에 남편이 될 표트르 베르질로프를 만났다. 예카테리나는 사진 학

교에 입학하기 전에 무기 회사의 프로그래머로 일했다.

셋 모두 정치 활동가이자 공연 예술가이며 페미니스트(페미니즘을 주장하는 사람. 페미니즘은 성별과 관계없이 모든 사람을 동등하게 대하자는 목표를 가진다. 페미니즘이라는 말은 여성을 뜻하는 라틴어 '페미나'에서 유래했다)이고, 정부와 교회에 비판적인 펑크 록 밴드 푸시 라이엇의 설립자다. 모든 일은 2011년 이후에 일어났다. 2011년에 러시아에서는 국회 의원 선거가 치러졌고, 블라디미르 푸틴이 더 많은 권력을 장악할 것이 불 보듯 뻔했다. 하지만 이 젊은 여성들을 비롯한 수많은 러시아의 예술가와 지식인은 기필코 이 사태를 막아 내고자 했다. 그들의 눈에 비친 푸틴은 사회 발전에 역행하며 민주주의와 인간에게 적대적인 정치를 하고 있었다.

푸시 라이엇에는 뜻이 아주 많다. '푸시들의 반란'이라는 뜻인데, '푸시'는 고양이나 여성의 성기 외에도 다양한 뜻을 지닌다. 이들은 그룹 이름에 대해 특별히 언급하지 않는다. 그럼에도 이 그룹의 이름에서 이들이 펼치려는 음악 활동을 엿볼 수 있다.

푸시 라이엇이 등장하면 소리가 크고 거칠어지며, 귀청이 찢어질 듯하고, 반란이 일어날 것 같다. 이 펑크 록 밴드는 10여 명의 여성으로 이뤄져 있다. 그들은 여성이 더 많은 권리를 갖고, 모두가 모두를 위한 더 나은 교육을 받으며, 더 건강해지길 원한다.

이들은 성 소수자(성적 지향 또는 성 정체성이 사회 구성원 다수와 다른 사람. 동성애자뿐만 아니라 양성애자, 트랜스젠더 및 간성도 포함된다. 성 소수자는 여전히 차별을 견뎌야 하며 일부 국가에서는 범죄자로 취급받기도 한다)를 위해서도 거침없이 행동한다. 러시아를 변화시키기 위해 이들은 권위적인 사회를 놀라게 하며 뒤흔들고 혼란에 빠뜨린다. 그래서 푸시 라이엇은 존재 그 자체가 일종의 투쟁 선언 같다.

이 그룹은 아무런 예고도 없이 사람이 많이 모인 곳에 등장한다. 지하철역, 버스 정류장, 주유소처럼 다양한 공공장소에 불쑥 나타나 악기를 꺼내 들고 노래를 부르며 방방 뛴다. 폭풍처럼 예상할 수 없이 나타났다 다시 사라진다. 이들은 자신들의 공연을 녹화해 인터넷에 올리고 무료로 공유한다.

알록달록한 형광색 옷을 입고 양말을 신고 복면을 쓰고 등장하는 이들을 그냥 지나칠 수는 없다. 복면으로 얼굴을 가리는 것은 밴드 활동으로 유명해지지 않겠다는 강력한 의지의 표현이다. 익명으로 활동하는 것이 밴드 구성원의 기본 원칙이다. 또한 푸시 라이엇은 여성을 외모로만 판단하는 문화에서 시급히 벗어나고자 복면을 이용한다. 무엇보다 구성원의 얼굴이 알려지지 않는 것이 중요하다. 푸시 라이엇의 활동은 금지된 일이며 러시아 사람 모두가 이들의 활동을 긍정적으로 보는 것이 아니기 때문이다. 이들이 등장하면 많은 사람이 고개를 가로젓는다. 사람들은 '대체 무슨 짓을 하는 거지?', '이렇게 요란법석을 떨면서 소동을 일으키는 것이 예술이라고?'라며 되묻는다.

활동 초기에 푸시 라이엇이 러시아에 미친 영향력은 미미했다. 그렇다고 러시아 바깥 세계를 움직인 것도 아니었다. 그러나 2012년 2월 21일에 변화가 찾아왔다. 이날 러시아 정교회의 신자들이 모스크바의 구세주 그리스도 대성당(모스크바에 위치한 성당으로 세계에서 가장 높은 정교회 성당이다 : 옮긴이)에서 예배를 드렸다. 교회는 맨 끝자리까지 꽉 차 있었다. 바로 여기에 노랑, 주황, 분홍, 초록, 청록색 점이 찍힌 검정색과 회색 망토를 두른 사람들이 섞여 들었다.

푸시 라이엇이었다. 이들은 분주하게 움직였다. 번개처럼 화려하게 교회 이곳저곳을 헤집고 다녔다. 마리아, 나데즈다, 예카테리나는 눈 깜짝할 사이에 나타나 마이크를 설치하고 기도문을 펑크 방식으로 바꿔 불렀다. 오랫동안 노래할 수는 없었다. 경비대가 순식간에 이들을 붙잡아 교회 밖으로 질질 끌고 나갔다. 겨우 40초였지만 굉장한 볼거리였다. 진지한 신도들은 자신들이 무시당했다고 느꼈고, 그만하면 충분히 참았다고 생각했다. 신도들의 인내심은 한계에 달했다.

마리아, 나데즈다, 예카테리나는 공공질서를 심각하게 훼손했다는 이유로 법정에 서야 했다. 기소장에는 이들이 푸틴을 내몰기 위해 동정녀 마리아에게 기도했다고 쓰여 있다. 셋은 어처구니없는 소리라고 반박했다. 푸시 라이엇은 러시아 정부와 교회의 지나친 유착 관계를 비판하고자 했다. 블라디미르 푸틴과 어떻게든 낙태를 금지하려는 러시아 정교회의 대주교(러시아 정교회 최고 직무를 수행하는 사람) 키릴 1세에 맞선 것이었다. 결국 이들이 교회에 난입한 사건은 유죄 판결을 받았다. 신성 모독죄였다. 참회하지 않으면 교회의 용서도 있을 수 없다며, 정부 역시 이 기회에 단호히 조처하려 했다.

법정에 서는 동안 마리아, 나데즈다, 예카테리나가 유리 상자에 갇힌 사진이 전 세계로 퍼져 나갔다. 러시아의 위상은 크게 손상되었다. 푸시 라이엇에 대한 지지는 뜨거웠고 유명 팝 스타들이 힘을 모아 지지를 표시했다. 그럼에도 이 젊은 세 여성은 2012년 8월 17일에 '종교적인 혐오에서 비롯된 행패' 때문에 징역 2년을 선고받았다. 항소했지만 소용없었다. 그해 10월, 예카테리나의 변호사는 예카테리나의 징역형을 최소한의 집행 유예로 바꿔 감형을 받아 냈다.

형이 선고된 후, 당시의 독일 수상 앙겔라 메르켈이나 미국 대통령 버락 오바마 같은 정치인들까지 나서서 지나친 처벌을 비판했다. 국제적으로 예술가 100명이 7월 23일 공개서한을 보내 이 활동가들의 석방을 촉구했다.

한편 마리아와 나데즈다는 감옥의 끔찍한 수감 여건과 강제 노동에 저항하기 위해 여러 번 단식 투쟁에 돌입했다. 하루 열일곱 시간이나 유니폼을 바느질해야 하는 강제 노동에 맞서기 위해서였다. 이는 수감자 모두에게 더 나은 여건을 만들려는 것이다.

2013년 12월, 마리아와 나데즈다는 지방 정부가 시행하는 사면(유죄 판결을 받은 사람들의 처벌 가운데 전체나 일부가 면제되는 것을 뜻한다. 유죄 판결이 무효가 되거나 무죄로 선고되는 것은 아니다)으로 석방되었다. 석 달의 형기를 남겨 두고 자유를 얻었다. 이들은 사면된 뒤에도 굴복하지 않았다.

"사면된 다음에 우리는 '조나 프라바'라는, '권리 영역'이라는 뜻의 조직을 설립했습니다. 이 조직은 경찰에 붙잡힌 사람들을 위한 법적 절차를 진행합니다." 하고 마리아가 소식을 전했다.

"저희는 아무도 귀담아들어 주지 않는 사람들의 목소리가 되어 주고 싶

었습니다. 그리고 언젠가는 인간성을 짓밟는 러시아의 감옥 시스템이 해
체되기를 희망했어요. 우리는 미디어조나(MediaZona)라는 웹사이트도
열었습니다."[116]

미디어조나는 러시아 사법부와 정치적인 문제가 걸린 재판 과정을, 또 러
시아 감옥과 수용소에서 벌어지는 고문과 인권 침해를 보도한다. 이 웹사이
트는 러시아에서 가장 많이 읽히는 독립 미디어다.

2014년에 소치 동계 올림픽이 개최되는 동안 푸시 라이엇은 새롭게 저항
했다. 이들이 등장한 시간은 채 1분도 되지 못했다. 러시아의 보안 인력이
공연을 난폭하게 중단시켰기 때문이다. 이 가운데 일부는 채찍을 내리치고
또 다른 일부는 후추 스프레이를 뿌리며 예술가들을 공격했다. 공권력은 온
힘을 다해 푸시 라이엇을 공격했다.

2015년, 푸시 라이엇은 매년 6월 12일에 치러지는 러시아의 날을 맞아 다
시 저항했다. 정부 부처가 있는 크렘린 궁전 건너편에서 마리아와 나데즈다
는 죄수복을 입고 러시아 깃발을 바느질했고 그 자리에서 체포되었다. 이들
은 경찰서에서도 바느질을 멈추지 않았다.

펑크 록 밴드 푸시 라이엇이 등장하는 곳은 시끄럽고 알록달록하다. 이들은 사회를 변화시키기 위해
러시아 정부와 교회에 맞선다. 이 때문에 젊은 예술가들은 혹독한 대가를 치렀다. 마리아 알료히나,
나데즈다 톨로코니코바, 예카테리나 사무체비치는 무대에 섰다는 이유로 2년 형을 언도받았다. 이때
나데즈다는 겨우 스물한 살이었다. 그러나 이들은 포기하지 않았다.

2016년 2월에는 〈차이카(Chaika)〉라는 제목의 새 뮤직비디오를 인터넷에
올렸다. 이 노래에는 읊조리듯 부르는 서가와 행진곡, 랩이 한데 녹아 있다.

"난 러시아를 사랑해. 난 애국자지."

"복종하는 법을 배워 봐."

"권력자에게 충성해라. 권력은 신이 내린 선물이니까."[117]

물론 이런 가사는 빛나는 풍자이다. 팝 아트 풍으로 인위적이고 예술적인

놀이처럼 특이하게 연출되었다. 이 곡은 블라디미르 푸틴과 유리 차이카의 부패한 관계를 씁쓸하고도 진지하게 공격했다. 유리 차이카는 2006년부터 2020년까지 러시아의 법무부 장관을 역임한 푸틴의 최측근 신복이었다.

마침내 2018년 7월, 푸시 라이엇의 활동가 네 명은 러시아 월드컵이 열리는 동안 경찰복을 입고 경기장에 뛰어들어 가로질렀다. 그중 한 명이었던 표트르 베르질로프는 두 달 뒤에 갑작스럽게 중독 증세를 보였고, 베를린에 있는 샤리테 병원으로 이송되었다. 그는 목숨은 구했지만 정확히 무슨 일이 벌어졌는지, 누가 공격의 배후인지 아직도 밝혀내지 못했다.

러시아 정부는 막강한 적이었다. 러시아 정부에 맞서려면 용기가 필요했다. 마리아와 나데즈다는 그러한 용기를 그러모아 활동하여 여러 차례 상을 받았다.

2014년에는 바츨라프 하벨(작가이자 77 헌장 발기인 중 한 명으로 1989년 11월 체코슬로바키아의 정치적 변화를 이끈 주요 인물이다. 체코슬로바키아의 마지막 대통령과 체코 공화국의 초대 대통령을 역임하고 2011년에 사망했다 : 옮긴이) 인권상을 받고, 브레멘시에서 수여하는 한나 아렌트상을 받았다.

그 밖에도 펑크 록 밴드 활동과 법정 공방을 다룬 두 편의 다큐멘터리 영화가 제작되고, '모스크바의 법정 소송'과 같은 상업 영화도 제작되었다.

나데즈다는 2016년에 《혁명을 위한 안내》라는 책을 출간했다. 자서전의 성격을 지닌 일종의 선언서인데, 어떻게 두려움을 이겨낼 수 있는지를 이야기한다.

마리아와 나데즈다는 푸시 라이엇을 뒤에서 지원하고 있다. 이제 적극적으로 함께 활동하기에는 너무 유명해졌기 때문이다. 유명세는 그룹을 운영하는 익명성의 원칙에 벗어난 것이기도 하다. 앞에 나서지 않지만 이 둘은 러시아에서 자유를 쟁취하려는 푸시 라이엇의 활동을 끊임없이 돕고 있다.

바니 모카틀,
치에치 마시니니, 셀비 세멜라

———— 반 아파르트헤이트 활동가 ————

"우리가 체포되고 고문당하고 거리에서 불심 검문을 당할 때도,
백인이 우리에게 나쁜 짓을 저지를 때도, 백인은 아무렇지도 않게
아프리칸스어를 퍼붓는다. 아프리칸스어는 우리에게 억압의 상징이 되었다."[118]

_바니 모카틀

1948년에 유엔은 세계 인권 선언을 가결했다. 제1조는 이렇다.

"모든 인간은 태어날 때부터 자유로우며 그 존엄과 권리에 있어 동등하
다."[119]

이 조항이 적용되지 않는 몇 안 되는 국가 중 하나가 남아프리카 공화국이
었다. 남아프리카 공화국에서는 언제나 인종주의 정책을 펼치는 정부가 권
력을 잡았다. 그러기에 이 나라에 사는 사람들은 모두 자유롭거나 동등할 수
없었다. 아파르트헤이트란 흑인을 억압하고 2등 시민으로 취급하는 인종 분
리 정책이다. 남아프리카 공화국의 백인들은 자신들의 피부가 하얗다는 이
유 하나만으로 흑인들보다 우위에 있다고 생각했다.

이러한 인종 차별주의는 아프리카 대륙 전체를 지배하고 있었고, 남아프리카 공화국에서도 인종 차별의 역사가 길게 이어져 왔다. 식민주의(주로 유럽 국가와 그 국가의 주민들이 세계의 다른 지역을 지배하던 정책. 스페인은 크리스토퍼 콜럼버스가 남아메리카를 '발견'한 다음 오늘날의 멕시코를 점령했다. 19세기와 20세기에 많은 유럽 국가가 아프리카 대륙에 식민지를 두었다) 시대부터 유럽인들은 아프리카로 향했다. 그들은 그곳에서 살고 있던 원주민을 억압했을 뿐 아니라 많은 원주민을 죽였다. 원주민과 그곳의 자연을 착취했고, 예술품을 강탈했으며, 아무 대가를 치르지 않고 땅을 빼앗아 자신들의 땅인 것처럼 나눠 가졌다.

남아프리카에는 한동안 영국에서 온 켈트인들이 이주해 살고 있었고 아프리카 대륙의 남쪽 끝에는 네덜란드에서 온 보어인들이 정착해 있었다. 1948년부터 점점 더 많은 법을 만들어 아파르트헤이트를 정착시킨 이들이 바로 그 후손들이었다. 그 결과 흑인들은 선거에서 제외되었다. 그들은 백인과 그 어떤 관계도 맺어서는 안 되었다. 관공서와 가게에는 출입구들이 따로 마련되었는데 흔히 뒷문이 흑인들을 위한 입구로 쓰였다. 공공건물에서 흑인은 흑인 전용 화장실을 사용해야 했다. 그 밖에도 흑인들은 정해진 구역에만 살 수 있었다. 만약 흑인이 사는 지역에서 백인들의 거주지가 필요하다면 흑인들은 속수무책으로 쫓겨났다. 흑인들은 도시에서 최대 72시간까지 체류가 허용되었고, 보통은 백인 거주지와 분리된 도시 변두리의 흑인 거주 지역에서 살아야 했다. 흑인 거주 지역은 무척 가난했다. 남아프리카 공화국의 흑인들이 급여가 낮은 일을 도맡아 했기 때문이다. 그 밖에도 흑인들은 항상 신분증을 지니고 다녀야 했다. 자기 나라에 살고 있는데도 마치 외국에 와 있는 것 같았다.

교육 체계 역시 인종 차별주의를 드러냈다. 백인 학생은 등록금, 수업료, 교과서 비용 등이 면제된 반면 흑인 학생은 이 모든 비용을 지불해야 했다. 백인에게 학교 교육은 의무였지만 흑인에게는 그렇지 않았다. 이런 까닭에 백인과 흑인의 불평등은 점점 더 심해졌다.

1976년에 학교 체계가 한 번에 큰 변화를 겪었다. 그 전까지는 수업이 영어로 진행됐지만, 이제 몇몇 과목을 아프리칸스어(남아프리카 공화국의 공용 네덜란드어)로 배워야 했다. 아프리칸스어는 네덜란드어와 비슷하게 들리는데 식민주의 시대와 그 당시 압제자들을 강렬하게 떠오르게 했다. 아프리칸스어를 쓰면 흑인 학생들은 갑자기 익숙하지 않은 언어로 중요한 과목을 배워야 할 뿐 아니라, 어쩔 수 없이 부정적인 경험을 되새겨야 했다. 경찰은 흑인을 괴롭힐 때 아프리칸스어를 사용했다.

이러한 결정이 마음에 들리 없었던 학생들은 시위하기로 결정했다. 특히 요하네스버그 근처의 흑인 거주 지역인 소웨토에서 저항이 들끓었다.

1976년 6월 16일, 학생들은 소웨토에서 시위를 조직했다. 학생들의 지도자는 치에치 마시니니였다. 그는 열아홉 살의 고등학생으로 재능 있는 연설가였다. 학생들이 거리로 나선 남아프리카의 추운 겨울날, 치에치 마시니니는 자신들의 시위가 평화롭게 진행되어야 한다는 것을 마음 깊이 새기고 있었다. 시위대의 어린이와 청소년은 새로운 법령에 동의하지 않는다는 것을 보여 주려 했고, 이 법령을 되돌리려 했다. 만 명에서 2만 명의 학생들이 행진했다. 이 시위대는 '아프리칸스어 수업을 철회하라'라고 적힌 팻말과 현수막을 높이 들고 노래했다. 당시 목격자들은 시위 분위기가 차분했다고 전한다. 그러나 시위대는 경찰이 세운 벽 앞에서 갑자기 멈춰 서야 했다. 경찰들은 처음에 최루탄을 쐈고, 다음에는 시위대로 개를 내몰았고, 이어서 실탄을 장전해 사격했다. 경찰들은 평화롭게 시위하는 학생들을 살해했다. 초기 진압의 사망자 가운데 한 명인 헥터 피터슨은 고작 열두 살이었다. 헥터 피터슨은 어쩔 줄 몰라 하는 동급생의 두 팔에 안겨 죽어 갔다. 이 모습을 담은 사진이 전 세계로 퍼져 나갔다. 이 사진은 인종주의 불평등 국가인 남아프리카 공화국의 상징이 되었다.

이 사건이 터지고 며칠이 지나 다시 나라 전체가 술렁였다. 남아프리카 공화국의 젊은 흑인 학생들이 착취와 억압의 상징과도 같은 백인들의 대형 맥줏집과 상점들을 파괴한 것이었다. 경찰은 무장한 차를 타고 다니며 많은 이들을, 특히 젊은이들을 쐈다. 결국 100명이 죽고 수많은 부상자가 발생했다. 저항의 지도자 치에치는 친구인 바니 모카틀, 셸비 세멜라와 같이 몸을 숨겼다. 차분한 성향인 셸비가 자신감 넘치는 치에치의 곁에서 균형을 잡아 주었다. 둘보다 나이가 많은 바니에게는 자동차가 있었다. 바니는 치에치, 셸비와 함께 자동차를 타고 비밀 장소를 옮겨 다니며 저항을 이어 갔다.

소웨토에서 시위가 벌어지고 폭력적으로 진압된 다음, 몇 주가 지나자 학생들은 다시 시위에 나섰다. 이번에는 요하네스버그에 있는 관할 경찰서로 갔다. 체포된 학생들의 석방을 요구하기 위해서였다. 다시 평화로운 시위가 이어졌지만, 경찰들은 학생들을 저지하고 폭력을 휘둘렀다.

이날, 불공평한 정권에 맞선 세력은 학생들만이 아니었다. 그사이 학생들은 부모에게 일터로 가지 말라고 요구했다. 저항을 이어 가는 동시에 백인 고용주에게 경제적 손실도 입히기 위해서였다.

처음에 많은 부모가 망설였다. 어쨌든 일자리를 잃고 급료를 받지 못할 위험을 감수해야 했기 때문이다. 하지만 학생들은 일터로 가는 선로를 고의로 파괴하는 사보타주(프랑스어로 뭔가를 방해하거나 수포로 만든다는 뜻이다. 장비, 기계 또는 철도와 같은 기반 시설을 손상하거나 파괴하여 경제적이고 군사적인 진행을 의도적으로 방해하는 것이다. 사보타주 대부분은 정치적인 목표와 연관되어 있기 때문에 정치적 투쟁 수단으로 여겨진다)를 벌여 어른들의 출근을 막았다. 어른들은 어쩔 수 없이 일터에 나갈 수 없었고, 수많은 무단 결근이 시작되었다. 이러한 결근은 사흘 동안 계속되었다.

기젤라 알브레히트 기자는 소웨토의 저항을 다룬 책에서 학생들의 동맹 휴업을 이렇게 묘사하고 있다.

"부모나 연장자에게 엄격하게 복종하는 일에 익숙한 청소년들이 정치적으로나 경제적으로 큰 파장을 일으킬 결정을 내렸다. 아이들은 부모의 충고를 들으려 하지 않았다. 처음에 부모들은 아이들을 보고 매우 놀랐고 아이들이 전통에 맞서 부모에게 거역한다고 생각했다. 그렇지만 아이들의 결연함을 인정했다. 어른들의 체념은 어느새 희망으로 바뀌었다. 부모들은 '청소년들이 우리에게 길을 보여 준다'라고 말했다."[120]

학교 체계의 변화를 둘러싸고 분노가 점점 더 쌓여 가고 있었다. 치에치는 한 인터뷰에서 이때의 상황을 이렇게 밝혔다.

"학생들은 정말 참을 만큼 참았습니다. 단지 흑인 학생들을 억압하는 학교 체계 때문만이 아니었습니다. 국가의 전체 체계에 관한 분노였죠. 국가가 어떤 방식으로 사람을 통치하는지, 백인들이 어떤 방식으로 법을 제정하는지 등 그 모든 것에 관한 분노였죠. …… 오늘날 사람들이, 특히 백인들이 깨달아야 할 것은 '인간은 자유로워야 한다'라는 말이 현실에 맞지 않다는 것입니다. 대신 '인간은 자유로워질 것이다'라고 말하고 싶습니다. 저는 인간이 자유롭게 될 때가 머지않았다고 생각합니다."[121]

당시 치에치와 친구들은 이 시기에 자동차로 이동하며 만남을 이어 갔다. 이들은 밤낮으로 시위와 파업을 조직했고, 치에치는 학생들에게 동기를 부여하기 위해 연설했다. 첫 번째 파업에 이어 두 번째 파업이 벌어졌다. 세 번째에 이르자 몇몇 상점과 회사들은 수입이 사라져 심각한 문제에 부딪혔다. 바니와 치에치와 셸비가 불러일으킨 학생들의 저항이 영향력을 발휘한 것이다.

유럽인과 그들의 후손들은 수십 년 동안 남아프리카 공화국에서 흑인을 억압했다. 이 시기 동안 아파르트헤이트라 불리는 인종 차별 정책이 억압과 착취를 유지했다. 1976년에 학생들은 불공평한 교육 개혁에 맞서 시위했다. 이러한 시위가 아파르트헤이트를 철폐하는 데 기여했다.

그러나 이들은 마지막 두 번의 파업 시위를 그저 멀리서 지켜볼 수밖에 없었다. 남아프리카 공화국에 머무는 것이 위험했다. 무엇보다 치에치는 경찰에게 쫓기고 있었다. 첫 번째 학생 시위 이후 경찰은 그의 집 앞을 몇 번이나 서성였다. 주로 한밤중이었다.

그사이 경찰은 치에치를 찾는 데 현상금까지 내걸었다. 치에치는 남아프리카 공화국에서 가장 맹렬히 쫓기는 사람이 되었다. 치에치와 친구들은 도주해야 했다.

1976년 8월 이들은 남아프리카 공화국과 국경선을 맞댄 보츠와나까지 걸어갔다. 셋은 두려움에 떨었다. 만약 발각된다면 남아프리카 공화국 군인이

쏘는 총에 맞을 것이다. 밤새도록 추위에 떨며 어둠 속에서 길을 찾아 헤맸고, 먼동이 틀 무렵에야 국경을 넘었다. 그리고 며칠이 지나서야 비로소 런던행 비행기를 탈 수 있었다. 마침내 생명의 위험에서 벗어났다.

그때부터 셋은 외국에서 아파르트헤이트에 맞서 싸웠다. 이들은 여러 국가를 다니며 강연을 하고 조국에서 벌어지는 불평등에 대해 이야기했다. 그중에서도 치에치 마시니니는 점점 더 급진적인 입장을 갖게 되었고 남아프리카 공화국에서 무장 투쟁의 길까지 고민하게 되었다. 그는 두 번 다시 조국으로 돌아오지 못했다. 1990년 알 수 없는 이유로 기니에서 죽었고 그 까닭은 아직도 밝혀지지 않았다. 셀비 세멜라는 미국으로 이민했고 2018년에 죽었다. 바니 모카틀은 오늘날 남아프리카 공화국에서 살며 자신이 세운 재단을 이끌고 있다. 이 재단에서 바니는 누구에게나 교육의 동등한 기회가 주어지도록 열성적으로 활동하고 있다.

남아프리카 공화국의 소웨토에서 저항이 일어난 1976년 이후에도 학생들은 동맹 휴업을 이어 갔다. 학생들은 졸업 시험을 거부했고, 시험을 만회할 기회마저 거부했다. 이러한 거부는 학생에게 일 년이라는 시간을 잃어 버리는 것이나 다름없었다. 정부는 마침내 학생들의 저항을 불러일으킨 법령을 철회했다. 미미하게나마 흑인 학생들의 상황이 한 발짝 개선된 것이었다.

그 뒤로 점점 더 정부의 힘이 균열되었다. 아파르트헤이트는 1994년에 공식적으로 철폐되었고 넬슨 만델라가 남아프리카 공화국의 첫 번째 흑인 대통령이 되었다. 이 또한 학생들의 행적에 빚지고 있다.

　남아프리카 공화국에서는 억압에 맞선 학생들을 기념하기 위해 6월 16일을 공휴일로 지정했다.
　이날은 '청소년의 날'로 불린다.

옮긴이의 말

　덥고 습한 여름이었다. 추석이 지나도 30도가 넘었다. 어쩌면　2024년 여름이 가장 시원한 여름일지도 모른다.

　얼마 전 팔레스타인으로 끌려간 인질들의 처형 직전 인터뷰가 보도되었고, 데이트 폭력으로 목숨을 잃은 젊은 여성의 기사가 잇따랐다. 나라 안팎으로 깊어지는 어둠 속에서 한숨이 잦다. 이런 절망 속에서 《오늘부터 시작해!》를 만난 것은 축복이자 도전이었다. 이 책 속 25명의 반항아들은 어둠 속에서 희망으로 향하는 문을 함께 열자고, 그럴 수 있다고 힘주어 말한다.

　나이는 중요하지 않았다. 대여섯 살 유아든, 열 살 무렵 어린이든, 열다섯 살 청소년이든 아이들은 부조리한 현실과 이웃의 고통에 민감했다. 자신이 느낀 슬픔과 고통만큼 성큼성큼 나아갔다. 첫걸음은 작은 실천이었다. 이미 세계적인 기후 활동가로, 또 교육 운동가로 우뚝 선 그레타 툰베리나 말랄라 유사프자이도 그랬다. 강렬한 분노와 슬픔에 찬 아이들은 자신이 접한 현실을 당장 바로잡지 않으면 안 된다고 생각했다. 그 절박함을 담아 손팻말을 만들고 블로그에 글을 썼다.

　다른 반항아들도 마찬가지였다. 정치 현실이나 기후 재앙, 생리 빈곤, 히잡 쓴 이모티콘이 없는 것 등에 눈감지 않았다. 아이들은 성소수자나 노숙인의 인권을 대변했고, 편견과 고정 관념을 끝없이 만들어 내는 이미지 연출에 맞섰다. 타고난 투사라거나 위인이어서 그랬을까? 아니었다. 어리고 평범했지만, 타인의 고통에 눈감을 수 없었다. 자신이 할 수 있는 일을 찾아 시를 쓰거나 영화를 만들고, 농사를 짓거나 발명했다. 소셜 미디어로 활동을 조직하고, 어린이 사업가로 활약하거나 기금을 모아 연구에 몰입했다. 지구촌 곳곳에서 활동하는 아이들의 소셜 미디어나 홈페이지 등을 찾아보면 샘솟는 아이디어와 열정적인 활동의 면면을 살필 수 있다.

더욱이 아이들이 변화시킨 것은 세상만이 아니었다. 무엇보다 스스로 변화하고 성장했다. 현실에 맞서고 넘어질 때마다 다시 일어선 것은 자신이 꿈꾸는 삶을 묻고 답했기 때문이다. 자신의 행복이 공동체의 행복과 동떨어질 수 없음을 깨달은 아이들은 힘차게 움직이고, 굳건히 연대한다. 깨어 있는 시민으로 성장하는 아이들은 놀랍게도 평생 하고 싶은 일과 잘할 수 있는 일까지 일궈 내는 삶의 예술가가 되었다.

얼마 전 아시아 최초의 아기 기후 소송에 대표로 참여해 승소한 한제아(12) 어린이의 말이 잊히지 않는다. 갓 태어난 사촌 동생이 겪게 될 기후 위기와 아기의 앞날이 걱정되어 소송에 참여한 제아는 "음식을 먹을 때, 물건을 살 때, 비행기를 타고 여행 갈 때 저처럼 불편한 마음을 느꼈을까요?" 하고 질문했다.

우리 모두 좀 더 불편해져야 하지 않을까? 우리 주위에 산적한 문제들 앞에서 눈을 크게 뜨면 우리의 메마른 심장도 더욱 세차게 뛰지 않을까? 누구나 할 수 있지만, 아무도 하지 않은 일들 앞에서 외면 대신 직면을, 안주 대신 도전을 택한 아이들처럼 우리도 깨어 있는 시민으로, 삶의 예술가로 내일을 향한 희망의 문을 활짝 열고 싶다. 그래야 하고 또 그럴 수 있다.

이명아

봄볕
생각

오늘부터 시작해!

초판 1쇄 발행 2025년 3월 31일

지은이 벤야민 크뇌들러 · 크리스티네 크뇌들러
그린이 펠리시타스 호르스트쉐퍼
옮긴이 이명아

펴낸이 권은수 **펴낸곳** 도서출판 봄볕
만듦 박찬석, 장하린, 이지연 **꾸밈** 신용주 **가꿈** 성진숙 **알림** 강신현 **살림** 권은수
함께 만든 곳 피오디 북, 가람페이퍼

등록 2015년 4월 23일 제25100-2015-000031호
주소 서울특별시 서대문구 서소문로 37 1406호 (합동, 충정로대우디오빌)
전화 02-6375-1849 **팩스** 02-6499-1849
전자우편 spingsunshine@naver.com **홈페이지** www.bombyeott.co.kr
스마트스토어 http://smartstore.naver.com/shinybook
인스타그램 @springsunshine0423
ISBN 979-11-93150-57-3 43330